影響他人
購買、投票與決策
的6大成功關鍵

Made to Stick: Why Some Ideas Survive and Others Die

哈佛、史丹福學者教你運用黏性法則，
達成你的目標！

奇普·希思（Chip Heath）

丹·希思（Dan Heath）

—

著

謝汝萱

—

譯

WEALTH&DREAM 16

影響他人購買、投票與決策的6大成功關鍵
：哈佛、史丹福學者教你運用黏性法則，達成你的目標！

原書書名　Made to Stick: Why Some Ideas Survive and Others Die

原書作者　奇普・希思（Chip Heath）/ 丹・希思（Dan Heath）
譯　　者　謝汝萱
封面設計　柯俊仰
主　　編　劉信宏
特約編輯　賴文惠
總 編 輯　林許文二

出　　版　柿子文化事業有限公司
地　　址　11677 臺北市羅斯福路五段 158 號 2 樓
業務專線　（02）89314903#15
讀者專線　（02）89314903#9
傳　　真　（02）29319207
郵撥帳號　19822651 柿子文化事業有限公司
投稿信箱　editor@persimmonbooks.com.tw
服務信箱　service@persimmonbooks.com.tw

業務行政　鄭淑娟、陳顯中

初版一刷　2020 年 4 月
二版一刷　2023 年 8 月
定　　價　新臺幣 460 元
I S B N　978-626-7198-69-8

Printed in Taiwan 版權所有，翻印必究（如有缺頁或破損，請寄回更換）
歡迎走進柿子文化網 https://persimmonbooks.com.tw
臉書搜尋 60 秒看新世界
～柿子在秋天火紅 文化在書中成熟～

國家圖書館出版品預行編目 (CIP) 資料

影響他人購買、投票與決策的 6 大成功關鍵：哈佛、史丹福學者教
你運用黏性法則，達成你的目標！/ 奇普・希思（Chip Heath）、丹・
希思（Dan Heath）著；謝汝萱譯.
-- 二版 . -- 臺北市：柿子文化，2023.08
　　面；　　公分 . -- (Wealth&dream；16)
譯自：Made to Stick: Why Some Ideas Survive and Others Die
ISBN 978-626-7198-69-8(平裝)
1.CST: 社會心理學

541.7　　　　　　　　　　　　　　　　　　112011003

「黏性」的意思是，
人們會理解並記得你的概念，
而那個概念也會發揮長遠的影響——
改變大眾的意見或行為。

溝通人心，創造黏性

許子謙，桑河數位／ Motive 商業行銷創辦人

· 把自己的想法，放進別人的腦袋。

· 把別人口袋裡的錢，放進我的口袋。

天底下最難的事，莫過於上面這兩件了。但我偏偏選了廣告當職業，把這兩件事變成我每天的工作，總是費盡心思，想著該如何讓消費者心甘情願打開荷包。

是否記得 Inception（《全面啟動》／《盜夢空間》）這部電影？李奧納多帶領團隊，設法融入目標的夢境當中，透過環境、語言、互動行為的各種設計，在對方的三層潛意識裡不斷引導，待對方醒來後，便可左右他在現實生活中的意識與行為。

當時我就覺得，廣告溝通也是在做一樣的事。這件事情的目的，是要讓對方認同自己的想法，因此很多時候，我們會著重於訴說方式與言詞技巧，甚至賣弄情感、大灑狗血，但溝通最難也最重要的地方，其實卻是「同理心」，也就是「站在對方立場思考」的能力。

無論是電影的呈現，廣告的思考技巧，或是我在團隊管理上的經驗都告訴我，唯有站在對方的立場設想，用對方的身分、角色、心理、環境，甚至是成長背景、價值觀、人生目標去思考，才有可能去消除雙方的認知差距，進而達到溝通的目的。但這點卻很少有老師或主管會教。

市面上有很多行銷書籍，都是強調「如何吸眼球」或是「如何被關注」，這讓很多年輕人，包括初創業的時候的我，都誤以為只要文案創意能夠吸睛，下足媒體讓夠多人看到，就是一則成功的廣告。

而行銷理論中的 AIDA，在網路世代常常會變成只重視第一個 A：

Attention（吸引關注），畢竟我們吸引到關注，例如一則影片的播放次數高，就可以拿到第一個 KPI。

在速成的社群行銷世代，溝通這件事又常被簡化成「如何獲得更多的讚」了，但實際上，大多數的人事物都還是會被我們略過，只選擇接觸少數的那幾個。直到後來我才知道，那些厲害的品牌能比其他人跑得更前面，並不只是因為他們擅長吸引關注，而是他們所做的「溝通」上，能創造出一次又一次的黏度。

你應該也能同意「把一句話說完」跟「把一句話說到對方心裡」是截然不同的難度對吧？

這件事情在本書中被稱為「黏性」，從一個能量大到足以傳遍全球的都市傳說開始，闡述了這二十年間，反覆被廣告人、電影圈、創新商業領域等所運用的幾種溝通法則與案例：簡單、意外、可信、具體、故事。告訴我們創意運行散播的原理，以及該怎樣拿捏力道。

我想，無論你是不是行銷人，應該都可以區別：有看過廣告、廣告好好笑、被廣告生火了，以及看完之後更加喜歡品牌……這些的不同吧。無論是透過影像文字埋藏溝通的種子，暗藏某種情懷，引發我們對人生的某種渴望，觸動對現實的某種恐懼等等，唯有拿捏好理性與感性訴求的平衡點，才有可能溝通到人心。

除了聳動，還要感動！

張宏裕，將苑領導工作坊主持人

一九八六年某軟片廣告「它抓得住我」，透過男演員一連串快速的貫

口臺詞，凸顯了軟片特點─再快的瞬間，也抓得住你。金句琅琅傳誦，成為經典，但三十多年後的今天，人們已越來越不容易被抓住了。

聽說微軟二〇一六年曾實驗發現，人們的平均專注力只剩八秒，甚至比金魚還要短。更何況 5G、AI、IoT 陸續登場，你怎麼抓得住消費者呢？

行銷、廣告講求的是不斷追求 Big idea 創意點子，運用沒人想過的方式改變世界、延續可長可持久的討論。例如，二〇一九臺灣燈會在屏東舉行，主辦單位運用巧思，讓無人機在空中排出各種圖案，以取代傳統燈會的煙火施放，既創意又環保，令人驚艷，話題討論的熱度持續不斷，彷彿有了黏著性。此外，二〇一三年有兩部微電影《記憶月臺》（Mind the gap）及《不老騎士》，以「故事行銷」為主體，都產生了強大的情感連結，且創造熱門不斷的話題。

本書提出「黏力創意」是協助行銷概念產生黏性，而黏性的意思是，人們會理解並記得你的概念，那個概念也會發揮長遠的影響，乃至於改變受眾的想法和行為。其中讓概念產生黏性的六大原則分別是：簡單、意外、具體、可信、情感和故事。上述所舉的三個案例，或可符合「黏力創意」的部分原則。

而我對於這六大原則解讀如下：「簡單」代表 Zoom in 聚焦，有獨特觀念或賣點；「意外」是能激起好奇心與注意力；「具體」是言之有物，促動感官體會；「可信」是代表數字、憑據與佐證（在假訊息充斥的年代格外諷刺）；「情感」是感性與同理；以上這五個原則，如果再透過「故事」行銷，更能啟發行動的力量。

在現今凡事追求速度的年代，行銷創意不免激發人性更多欲望，但推銷的商品服務到底是需要（need）還是想要（want）呢？當物慾橫流、精神卻匱乏時，人們是焦慮多，還是快樂多呢？

近年來，國外多所頂尖大學最暢銷的選修課，竟然是「幸福快樂學」。

數位網路年代，許多人更透過自媒體，瞬間成為網紅，卻也不乏出現「受歡迎，卻不令人尊敬」的現象。因此，黏力創意還是要秉持良知與同理關懷，才能「除了聳動，還有感動」！

不只黏一次，還要一直黏住

黃麗燕，「瑪格麗特的社會企業」創辦人、李奧貝納集團執行長暨大中華區總裁

「現在一天的資訊量，比過去唐朝楊貴妃一輩子的資訊量還大。」在你閱讀這本書時，可能還開著電視，或被 Line 傳來的訊息打斷閱讀，甚至確認手機簡訊時，又被臉書上的貼文吸引過去，一則則滑了起來……這是一個泡在資訊海的世代，人們的專注力越來越低了。

如果你要做生意，要讓人們在極度不專心的情況下注意你、記住你，進而喜歡你、購買你，真的是非常困難！所以企業主找廣告公司，希望用傑出的創意，吸引消費者的注意。

人們越來越不專心，所以你必須讓訊息更簡單、更出人意料、更具穿透力，這本書裡增加「黏性」描述的技巧，其實就是廣告公司的日常，就算你不賣東西、不做廣告，也能讓你這個人更有魅力，非常實用。但老實說，對於廣告業而言，把消費者「黏住」仍然是巨大無比的挑戰，而且難度也與日俱增。

我們幫航空公司做廣告，從《帶爸媽去旅行》、《說好的旅行呢？》，到《旅行帶給你的紀念品》，一年比一年更有趣、更動人。朋友常問：「你們有把握每一次都做出成功的案例嗎？」老實說，很難有百分百的保證，因為就算符合了 Check list 上的每個要件，這次成功了，也難確保下次一樣

的結果（但這麼多年下來，我們可以自豪的說，李奧貝納的成功率是非常高的，且是以超越之前結果為目標的）。

也正因如此，我們不只「一次性」地讓大家記住你，更要讓消費者產生需求時，「隨時」把你放在考慮的清單中—你要時時刻刻活在消費者心中。套句行話，你必須搶攻人們的「心佔率」。一次的黏性還不夠，還要緊緊地、永遠地黏著消費者，不容易吧？此時，「品牌」就更加的重要了。讓品牌在消費者的生命中發揮有意義的價值，其中運用「情感」的力量、「故事」的魅力，也是與本書不謀而合的。

雖然現在一天的資訊量比楊貴妃一輩子都多，但現在隨便一顆荔枝，可能都比楊貴妃當時吃的都甜。我們手邊的工具越來越多、越來越厲害，就像你有這本好書，一定能發揮黏性的魅力！

【具名推薦】

水丰刀，閱部客創辦人
火星爺爺，企業講師 / 作家

目 錄 Contents

黏性從哪裡來？

盜腎傳奇

我們有個朋友的朋友時常去外地出差，就叫他大衛吧。大衛最近到大西洋城和客戶開一個重要的會議，會後，他在搭機前還有一點時間，於是到當地的酒吧坐坐。

剛喝完一杯酒，一位辣妹就上前來，問可否請他再喝一杯酒，他受寵若驚。「好啊！」他回答。

女子走向吧台，帶回兩杯飲料，一人一杯。他謝過她，啜飲了一口，接下來就什麼也不記得了。

應該說，那是他最後記得的事。再度醒來時，他已不知自己身在何方，正躺在旅館浴缸中，全身泡在冰塊裡。

他驚慌地四處張望，試著弄清楚自己在哪裡，又是怎麼到這兒的。接著卻發現一張紙條，上面寫著：「別亂動，打一一九。」

浴缸旁的小桌上有一支手機。他拿起手機，用凍到麻木笨拙的手指撥一一九。奇怪的是，接線生似乎對他的處境不陌生。「先生，請你慢慢、小心地摸摸看背後，你的下背部是不是接著一條管子？」

他焦慮地摸了摸背後……沒錯，有一條管子。

接線生說：「先生，請不要驚慌，不過您的一個腎臟已經被割走了，有一個器官竊賊集團在城裡活動，他們找上了您。醫務人員已經在路上了，他們抵達前，請您千萬不要動。」

你剛才讀到的是過去十五年來最成功的都市傳說。

第一個線索是都市傳說的經典開場：「有個朋友的朋友……」

　　你有沒有留意過，我們朋友的朋友的人生，似乎都比我們朋友本人的人生還有趣？

　　你也許聽過這個盜腎的故事。坊間流傳的版本有數百種，但一律都有下列三個核心元素：一、下了藥的飲料；二、放滿冰塊的浴缸；三、盜腎的關鍵句。有一個版本是，一名人夫把妓女帶進他在拉斯維加斯的旅館房間，結果喝了被下藥的飲料。

　　這是一齣關於腎臟的道德劇。

　　請想像你現在闔上本書，不再重讀，休息一個鐘頭後，再打電話給一個朋友告訴他這個故事，你可以絲毫不差地講完故事的機率很高。你可能會忘記這位旅客到大西洋城是為了「和客戶開一場重要的會議」，不過誰在乎呢？重要的情節你都記住了。

　　盜腎的故事具有黏性，因為我們能理解、記得，日後也能轉述給他人聽。如果我們相信那是真的，行為也可能從此改變——至少不會再輕易接受陌生的辣妹或型男遞給你的飲料。

　　請將這個盜腎的故事，拿來與以下這段非營利機構發行的報紙描述作比較。「社區總體營造自然而然地依據現行做法投入可樹立模型的投資報酬邏輯。」開頭是這樣的，接著文章論述道：「阻止資源流向文創產業的一個因素是，資助者提供補助時，往往以特定目標或範疇為訴求，以確保其負有責任。」

　　請想像此刻你闔上本書，休息一個鐘頭。事實上，你根本不用休息，也不要重讀段落，直接打電話給一個朋友轉述給他聽。祝你好運。

　　一個是都市傳說，一個是咬文嚼字但文筆拙劣的段落——這樣比較公平嗎？

　　當然不公平，但有趣的地方就在這裡：請把這兩個例子想成從令人難忘到過目即忘的光譜兩極。你在工作上遇到的交流，比較接近哪一種？如

果你的情形和大多數人一樣,那你的職場會傾向非營利機構的例子那一端,彷彿那是你們的北極星。

這也許是再自然不過的事;有些概念天生就有趣,有些概念天生就無趣。器官竊賊集團──本來就很有趣,非營利機構的財務策略──本來就很無趣!這種先天與後天的爭議,也適用於概念的有趣與否:**概念是天生就有趣,還是靠努力變得有趣的?**

嗯,沒錯,這是一本講後天努力的書。

那麼,我們要如何栽培概念,才能獲得世俗的成功?我們多數人都努力於有效傳達自己的概念,讓概念造成改變。一位生物老師花了一小時解釋細胞的有絲分裂,但一週後,只有三個孩子記得何謂有絲分裂。一位經理在演講中提出新策略時,職員們頻頻點頭稱是,但隔天第一線員工還是喜孜孜地墨守成規。

好概念要獲得世俗的成功,往往要經過一番寒徹骨。不過,那個荒謬的盜腎故事至今仍在流傳,儘管沒有任何消息來源給予支持。

為什麼,只因為腎臟走私比其他主題更有賣點嗎?我們有可能讓一個真實、有價值的概念,和這個假新聞一樣有效流傳嗎?

關於戲院爆米花的真相

阿特‧希爾弗曼(Art Silverman)盯著一包電影院賣的爆米花瞧,這包爆米花在他桌上顯得格格不入,讓他的辦公室一直都瀰漫著假奶油味。由於他的組織從事的研究,希爾弗曼知道他桌上的爆米花是不健康的,而且是不健康得嚇人。他的工作便是設法將這個訊息傳達給警覺心不足、喜歡去電影院看電影的美國觀眾。

希爾弗曼服務於公共利益科學中心（Center for Science in the Public Interest, CSPI），這個非營利團體的宗旨是為大眾提供營養的相關知識。CSPI 將三大城市十二間戲院賣的爆米花送到實驗室進行營養成分分析，結果讓每個人都很吃驚。

美國農業部（The United States Department of Agriculture, USDA）建議，一天的正常飲食囊括的飽和脂肪不應該超過二十克，但依據實驗室的分析結果，一包普通爆米花含有三十七克的飽和脂肪。

罪魁禍首是椰子油，戲院用椰子油來爆爆米花。椰子油有其他油所沒有的大優點，能讓爆米花具有柔滑、絲綢般的質地，散發的香氣也比其他油類更誘人、更天然。不幸的是，實驗室的分析結果顯示，椰子油含有滿滿的飽和脂肪。

希爾弗曼桌上的那一份爆米花，幾乎囊括了兩天份的飽和脂肪，而任何人都可以在兩餐之間囫圇吞下。那三十七克的飽和脂肪就裝在中包爆米花裡，也難怪大桶裝爆米花含有的飽和脂肪足足有三位數。

希爾弗曼了解到，他們的挑戰在於：知道「三十七克飽和脂肪」意義何在的人很少，我們大多數人不會記得農業部建議的每日營養攝取量。三十七克是好還是壞？就算直覺知道不好，我們還是會納悶，是「真的很不好（像香菸那樣）」還是「普通不好（像餅乾或奶昔那樣）」。

即使是「三十七克飽和脂肪」這個詞彙本身，也會讓大多數人目光茫然。「飽和脂肪這個詞沒有任何吸引力，」希爾弗曼說，「這個詞乾巴巴的，太學術性，誰想聽呢？」

希爾弗曼可以做出某種視覺比較，也許在廣告中比較爆米花的飽和脂肪含量與農業部的每日建議攝取量。你可以想像那種條狀圖，其中一條比另一條高兩倍。

但那還是有點太科學、太理性了。在某種意義上，爆米花的脂肪含量

是不合理的、荒謬的。公共利益科學中心需要以某種方式形塑這個訊息，才能完整傳達這種荒謬性。

希爾弗曼想出了一個辦法。

公共利益科學中心在一九九二年九月二十七日召開記者會，他們在會中傳達這個訊息：「街上典型的戲院販賣的中包『奶油』爆米花，含有會阻塞動脈的脂肪量，比早餐吃培根蛋、午餐吃大麥克漢堡加薯條、晚餐吃牛排和所有佐料，全部加起來還多！」

公共利益科學中心也沒有忽略圖像——他們在電視鏡頭前擺出一整桌油膩膩的食物。一天下來的不健康飲食，統統擺在桌上，而所有那些飽和脂肪——都塞在一包爆米花裡了。

這個故事立刻引起軒然大波，成為 CBS、NBC、ABC、CNN 的焦點新聞，登上了《今日美國》（*USA Today*）、《洛杉磯時報》（*Los Angeles Times*）等報紙頭版及《華盛頓郵報》（*The Washington Post*）生活風格版。傑‧雷諾（Jay Leno）與大衛‧萊特曼（David Letterman）大開關於爆米花充滿脂肪的玩笑，頭條新聞作者更是妙語如珠：「爆米花被標上『R』級」、「燈光、開拍、膽固醇！」、「戲院爆米花是脂肪的雙片連映。」

這個點子令人難忘。發現大事不妙的戲院觀眾成群避開爆米花，於是爆米花的銷售量一落千丈，而電影院員工已經習慣回答爆米花是不是用「壞」油來爆的問題。不久，美國最大型的連鎖電影院，包括聯藝（United Artists）、AMC、洛茲（Loews）等，大多宣布停止使用椰子油。

來聊聊「黏性」

這是一個讓概念成功的故事，更動人的是，這是一個讓概念成功的真

實故事。CSPI 的人知道要如何把必須分享的訊息傳達給世人，他們找出了傳達概念的方法，這樣人們才會聽，才會在乎，於是那個概念也有了黏性——就像盜腎的故事。

坦白說，公共利益科學中心是位居下風的。「戲院爆米花都是脂肪」的故事缺乏器官竊賊那種聳人聽聞的吸引力，因為沒有人醒來時，會發現自己泡在一整個浴缸的冰塊裡。這則故事沒有煽動性，甚至也說不上特別有娛樂性，再說，這則新聞沒有天生的支持者，我們很少人會努力「時時追蹤爆米花的新聞」。同時，這裡沒有名人，沒有模特兒，也沒有可愛的寵物。

總之，這個爆米花概念就像大多數人每天會碰到的概念——有趣但不夠聳動，實在但不夠震撼人心，重要但並非「攸關生死」。除非你是廣告人或公關，不然很可能沒有可以支撐這個概念的豐富資源，你沒有數百萬元的廣告預算，也沒有專業說書團隊，你的概念必須靠自己的長處立足。

我們寫這本書，就是為了協助你讓概念生出黏性。**「黏性」的意思是，人們會理解並記得你的概念，那個概念也會發揮長遠的影響——改變大眾的意見或行為。**

寫到這裡，應該要問一問，為何必須讓概念產生黏性？畢竟我們大部分的日常交流都不需要那種黏性，「請遞肉汁給我」這個句子不需要深入人心。我們把自己的感情問題告訴朋友時，也不想產生什麼「長遠的影響」。

所以說，不是每個概念都值得產生黏性。我們問大家他們有多常需要讓概念產生黏性時，他們回答說大概是每個月一次到每週一次之間，每年十二到五十二次。對經理人來說，這是指關於策略方向與行為準則的「遠見」；老師則是想把主題、衝突、趨勢傳達給學生——在半真半假的個別新聞消逝已久後仍會流傳的那類主題與思考方式；專欄作家則是試圖改變讀者對政策議題的意見；宗教領袖想和教友分享靈性智慧；非營利組織想說服志工為一個有價值的目標付出時間，請捐贈者資助金錢。

　　儘管讓概念產生黏性很重要，人們對這個主題的關注卻出奇地少。我們請人指點如何傳達與溝通時，往往會得到關於傳達方式的忠告：「要抬頭挺胸，眼睛直視對方，善用手勢。練習，練習，再練習（但不要了無新意）。」有時我們得到的是結構方面的忠告：「告訴他們你要講的事。在這之後，告訴他們你講了什麼。」或是「一開始，要先引起他們的注意——開個玩笑或說個故事。」

　　換一個類別，你要做的則是了解聽眾：「了解你的聽眾關心什麼，才能投其所好地溝通。」最後，在傳達與溝通這個領域，還有一個最常聽到的建言：重複，重複，再重複。

　　所有這些建言都有明顯的長處，只有重複這點可能是例外（如果要告訴某人一件事，你必須講十遍，那個概念本身可能不是很好，沒有一則都市傳說必須講到十遍）。但這些建言有一個刺眼的缺點：在希爾弗曼設法找出最佳方法說明戲院爆米花真的不健康時，這些建議都不管用。

　　希爾弗曼毫無疑問知道他應該直視人們的眼睛，多練習幾遍，但他應該練習傳達什麼訊息？他了解他的觀眾——他們喜歡吃爆米花，但不明白爆米花有多不健康。因此，他要分享的是什麼訊息？事情很複雜，希爾弗曼知道他沒有重複的本錢，他只有一次機會能讓媒體關注他的故事。

　　可以試想一個小學老師的例子，他知道自己的目標在哪裡：把州課程委員會制定的義務教材教給學生，他也了解他的觀眾：擁有一些知識與技能的小學三年級學生。他還知道要如何有效談話：他是手勢、措詞、眼神接觸的高手。

　　所以他的目標很明確，觀眾的身分很明確，大綱也很明確，問題是，訊息本身一點也不清晰易懂。生物課學生必須了解有絲分裂是什麼——好吧，那要怎麼做？要教有絲分裂的方法多得數不清，哪種方法才有黏性？你又要如何事先知道那是有效的？

為什麼要寫這本書？

因此，把問題擴大來看：要如何設計你的概念，讓它產生黏性？

幾年前，我們兩人（奇普與丹是兄弟）意會到，我們鑽研如何讓概念產生黏性已經有十多年了，我們的專業來自非常不同的領域，但都聚焦於同一個問題：為什麼某些概念能成功，有些卻失敗？

丹對教學有熱忱，他是思睿（Thinkwell）這間新出版公司的協同創辦人，他們提出了一個有點異端的問題：如果你必須從頭編一本教科書，不用文字，而是用影像與科技，那要怎麼做？身為思睿的總編輯，丹必須和團隊合力決定哪些才是教授經濟學、生物學、微積分、物理學這些學科的最佳方法。於是他有機會與國內某些最有成效、最受愛戴的教授共事：同時是單人脫口秀演員的微積分老師；獲頒全國年度最佳教師的生物學老師；身兼牧師與劇作家等職的經濟學老師。丹可以說根本是上了一堂速成課，讓他了解到偉大的老師為什麼偉大。

然後他發現，雖然老師們各有各的風格，但綜合來看，他們的教學法幾乎一模一樣。

奇普是史丹福大學教授，過去十多年來，他都在詢問為什麼拙劣的概念有時卻能在創意的社群市場上勝出？假概念是如何取代真概念的？讓某些概念比其他概念更火紅的原因是什麼？為了切入這些題目，他鑽研都市傳說和陰謀論等「天生具有黏性」的概念領域。數年下來，雖然速度不快，但他也已經很熟悉概念材料中某些最令人反感、最荒謬的故事，所有故事他都瞭若指掌，以下僅是一小部分例子：

● 肯德基的炸老鼠。說真的，任何一個有關老鼠和速食的故事都很膾炙人口。

- 可口可樂會腐蝕你的骨頭。這在日本引起極大的恐慌,但到目前為止,日本還沒有出現青少年骨質膠化的流行病。
- 如果你對一輛沒開車頭燈的車子閃大燈,會遭幫派分子槍殺。
- 中國長城是從太空唯一見得到的人造建物(長城確實很長,但不是很寬。試想,如果從太空看得見長城,那應該也看得見任何一條州際公路,或許還看得見幾間沃爾瑪的大型超市)。
- 你只用了十分之一的大腦(如果真是如此,那腦部損傷確實就不需要太擔心了)。

奇普和他的學生花了數百個小時蒐集、整理、分析天生有黏性的概念:都市傳說、戰時謠傳、諺語、陰謀論、笑話……都市傳說是假的,但很多天生具有黏性的概念是真的。事實上,最古老的一批天生有黏性的概念,就是諺語,那是智慧的礦藏,往往流傳了數個世紀,橫越數個文化。舉例來說,「無風不起浪」這句諺語,就有五十五種以上不同語言的版本。

不論是瑣碎還是深刻的概念,研究天生具有黏性的概念時,奇普主持了四十多次實驗,參與者總共超過一千七百名,實驗的主題如下:

- 為什麼四百年後,還有人讀諾斯特拉達姆士(Nostradamus,譯註:十六世紀的法國預言家,著有預言書《百詩集》,自一五五五年出版至今仍有印行)的預言?
- 為什麼《心靈雞湯》的故事能啟發人心?
- 為什麼無效的民間偏方仍有人會相信?

幾年前,他開始在史丹福大學開一堂名為「如何讓概念有黏性」的課,這堂課的前提是,如果我們明白是什麼讓概念天生具有黏性,也許就更能讓

自己的訊息產生黏性。過去幾年來，他已經將這門課業傳授給數百名未來想成為經理人、公共政策分析師、記者、設計師、電影導演的學生。

讓我說完希思兄弟（奇普與丹）的故事，二○○四年我們突然領悟到，我們兩人其實是從不同的角度在探討同一個問題。奇普研究並教導讓概念產生黏性的原因，丹則思考讓概念產生黏性的實務方法。奇普比較不同都市傳說和故事成功的例子，丹則比較不同的數學課與政策成功的例子。奇普是研究者與教師，丹是實踐者與作家（而我們也知道，兄弟間這種有建樹的合作，能讓父母高興）。

我們想拆解有黏性的概念（天生具有黏性和後天產生黏性的概念），思考讓這些概念產生黏性的因素是什麼？是什麼讓都市傳說那麼驚心動魄？為什麼有些老師比其他老師更會教化學？為什麼幾乎每個社會都流傳著一套諺語？為什麼有些政治觀念能廣泛流傳，其他卻不然？

簡言之，我們是想了解黏性來自哪裡？我們採用「黏性在哪裡」的措辭，是從我們最喜愛的作家麥爾坎・葛拉威爾（Malcolm Gladwell）的著作得來的靈感。二○○○年，葛拉威爾寫了一本叫做《引爆趨勢》的精彩傑作，書中檢視是哪些力量造成社會現象被「引爆」（tip），從小圈子跳進大群體，就像傳染病感染了一定數量的人群後，便迅速傳播。休閒鞋品牌Hush Puppies 為什麼能起死回生？紐約市的犯罪率驟降的原因是什麼？為什麼《YaYa 私密日記》這本書廣受歡迎？

《引爆趨勢》分為三部分。第一部分描述必須找對人，第三部分描述必須找對脈絡，中間的部分「黏性因素」主張，如果能讓新意產生黏性，便比較可能引爆流行。《引爆趨勢》出版時，奇普意會到「黏性」正是他研究概念市場時，一直在找尋的那種屬性的完美字眼。

本書是《引爆趨勢》的補遺，意思是，我們將辨識出讓概念產生黏性的特徵，這個主題已經超出了葛拉威爾那本書的範疇。葛拉威爾的興趣是讓

社會趨勢流行起來的因素，我們的興趣是如何建構有效的概念，找出有些概念歷久不衰、有些概念曇花一現的原因。因此，雖然本書焦點會遠離《引爆趨勢》的範疇，但我們想向葛拉威爾的用詞「黏性」致意。這個字本身就很有黏性。

誰毀了萬聖節？

一九六〇、七〇年代，萬聖節「不給糖就搗蛋」的傳統備受攻擊。謠傳萬聖節那天，有變態者會將刀片塞在蘋果和惡作劇糖果裡。這些謠言波及全國各地的萬聖節習俗，家長們小心翼翼地檢查孩子的糖果籃，學校入夜後也依舊開著，確保孩童能在安全的環境下「不給糖就搗蛋」，醫院也自願為糖果籃進行 X 光掃描。

一九八五年，ABC 的一條新聞顯示，有六成家長擔心孩子會成為受害者；直到今日，多數家長仍會告誡孩子不要吃任何不是事先包裝好的零食。這是個悲傷的故事：壞人破壞了屬於家庭的節日，因為他們莫名其妙便想傷害無辜的孩子。但在一九八五年，這個故事出現了奇怪的轉折，因為研究者發現了這個惡搞糖果謠言的驚人事實：這是個不實謠傳。

這群研究者是社會學家喬爾・貝斯特（Joel Best）和傑拉德・霍里烏奇（Gerald Horiuchi），他們研究從一九五八年以來登記有案的萬聖節事件，結果發現並沒有任何陌生人惡搞萬聖節糖果，害死孩童的事件。

確實有兩名孩童在萬聖節當天過世，但不是陌生人造成的。一個五歲男孩發現了叔叔藏匿的海洛英，結果吸毒過量而亡，他的親人本來還想在他的糖果上灑海洛英掩飾罪跡。另一起案件是，一個父親想獲得保險理賠，便把氰化物摻入親生兒子的糖果裡毒死他。

　　換句話說，最精良的社會學證據顯示，接受陌生人給的糖果安全得很，你的家人才是應該防範的對象。

　　過去三十年來，惡搞糖果的故事改變了數百萬名家長的行為，鄰居們從此相互猜疑，連美國法律也為之改變：加州與新澤西州都通過法條，勒令嚴懲惡搞糖果的人。這個故事為什麼這麼成功？

概念產生黏性的六大原則

　　在某個意義上，萬聖節糖果的故事是公共利益科學中心那個爆米花故事的邪惡雙胞胎。

　　這兩個故事都突顯出常見活動隱含的意外危險：吃萬聖節糖果和吃戲院爆米花。兩個故事也都呼籲人們採取簡單的行動：檢查孩子的糖果和遠離戲院爆米花。兩個故事都採用了生動、具體的意象，容易牢牢記住：藏著刀片的蘋果和一桌油膩食物。兩個故事也都抓住了我們的情感：在萬聖節糖果的故事中是恐懼，在戲院爆米花的故事中是厭惡。

　　盜腎的故事也分享很多這類特性，呈現非常讓人意外的結局：一個傢伙進酒吧喝一杯，卻落得被割走一顆腎臟的下場。還有很多具體細節：放滿冰塊的浴缸、從下背部凸出的怪異管子。情感：恐懼、厭惡、疑心。

　　我們開始認出同樣的主題、同樣的屬性，反映在形形色色的成功概念裡。我們從奇普的研究發現，具有黏性的概念享有某些共同的關鍵特性，回顧民俗學者、心理學家、教育研究者、政治學家、諺語獵人的數十份研究，也得出同樣的結論。我們不能言過其實地說，具有黏性的概念有「公式」，但具有黏性的概念確實有一套共同的特性，使其更容易成功。

　　這就像討論傑出的籃球選手具有哪些特性一樣，你可以肯定地說，每

位傑出球員都有身高、速度、靈活度、力量、臨場感知力等特性的某些組合，但你不需要擁有所有特性才得以偉大：有些球員只有五呎十吋高（約一百七十八公分），看似弱不禁風，卻是絕佳的後衛。擁有所有上述特性也不保證就能偉大：行動遲緩而笨重的七呎高（約二百一十三公分）球員，無疑的比比皆是。不過，很明顯的是，如果你到家裡附近的球場，想從一群陌生人中挑一支隊伍來挺，你可能還是該把賭注押在七呎大漢身上。

概念能不能成功也是如此。我們可以學習的技巧是培養自己的慧眼，發現哪些概念具有「天分」，就像七呎高的陌生球員。本書後文會討論潛艇堡（Subway）的一波廣告，廣告中的胖子大學生賈德每天吃潛艇堡，最後減掉了兩百磅（約九十公斤）以上的體重。那波廣告獲得極大的成功，而廣告的點子不是來自麥迪遜大道上的大廣告公司，而是一間店的店長，他很有發掘驚人故事的慧眼。

但我們的籃球比喻也到此結束：在創意的天地，我們可以改造手上棋子的基因，我們可以創造出充分發揮其黏性的概念。

在我們鑽研過數百個具有黏性的概念時，發現到以下六大原則的反覆運作：

原則一：簡單

要如何找出概念的基本核心？一位成功的辯護律師說：「如果你有十點主張，就算每一點都很好，他們回到陪審團室之後還是什麼也不記得。」要把概念去蕪存菁，我們必須成為善捨高手，必須毫不留情地擇優處理。我們的任務不是把話說得精簡──金句（sound bite）不是很理想，諺語才是理想做法。我們必須創造出簡單又深刻的概念，這裡的金科玉律是，**簡單才是至高典範：只要一句深刻的陳述，就能讓人受用一輩子。**

原則二：意外

　　要如何讓觀眾在乎我們的概念，又要如何爭取時間讓他們持續這個興趣，進而讓他們理解概念？我們必須違背人們的期望，必須與直覺反其道而行。一包爆米花就和吃一整天的油膩食物一樣不健康！我們可以令他們驚訝，抓住他們的注意力，這種情感有提升警覺，促使人專心的作用。但驚訝不會持久，要讓概念常駐人心，必須引起他們的興趣和好奇心。你要如何讓學生在一年的第四十八堂歷史課中專心？**要長久保持人們的好奇心，我們可以有條理地製造他們知識的「溝壑」──然後填滿那道溝壑。**

原則三：具體

　　要如何讓概念清晰易懂？我們必須從人類行動、從感官信息來說明概念。商業的訊息傳達往往就是從這裡開始偏移，使命說明、綜效、策略、願景等，往往含糊到幾近毫無意義。

　　天生具有黏性的概念充滿著具體的意象，如放滿冰塊的浴缸、藏著刀片的蘋果等，因為我們的大腦天生是要用來記住具體資訊的。在諺語中，抽象真理往往是以具體語言來編寫：「一鳥在手勝過二鳥在林。」**表達具體是確保概念在每個觀眾耳裡都是同一件事的唯一方法。**

原則四：可信

　　要如何讓人相信我們的概念？前外科軍醫 C・埃弗睿・庫伯（C. Everett Koop）談公共衛生議題時，人們多半會不假思索地接受他的概念，但在大多數的日常情境中，我們沒有這種權威。具有黏性的概念**必須建立自身的**

威信，我們要設法協助人們為了他們自己去測試這些概念過不過得了關──這是「先試再買」的創意世界哲學。我們嘗試建立一樣事物的案例時，大多會本能尋找確切數據，但在許多情況下，這是誤入歧途。

在一九八〇年羅納德‧雷根（Ronald Reagan）與吉米‧卡特（Jimmy Carter）的唯一一場美國總統辯論中，雷根大可以搬出數不盡的統計數據證明經濟萎靡不振，但他沒有這麼做，反而提出了一個簡單的問題，讓選民自行評估：「在投下選票前，請各位捫心自問，你現在的日子比較好過，還是四年前的日子比較好過？」

原則五：情感

要如何讓人在乎我們的概念？**要打動他們的心。**在戲院爆米花的例子中，我們用爆米花的不健康引起他們的反感。「三十七克」的統計數字激不起任何感受。研究顯示，人們比較容易捐款給某個有需要的特定人物，多過捐款給一整個貧困的地區。我們天生就傾向對人而非抽象概念產生感受，因此有時難處就在，要如何找出對的情感來操作。舉例來說，灌輸青少年吸菸後患無窮，要他們因為恐懼而戒菸是很難的，利用他們對大菸草公司口是心非的反感來戒菸，反倒容易些。

原則六：故事

要如何讓人依據我們的概念採取行動？**要說故事給他們聽。**消防員在每次火災後都會自然而然地交換故事，增加彼此的歷練；幾年下來，他們對火災時可能會遇見的致命情境，便有了更完整的心理印象，遇到時就更能做出適切的反應。研究顯示，在心裡預習某個情境，能幫助我們在實際碰到該

情境的當下表現得更好，同樣的，聽故事也能當成一種心理的飛行模擬體
驗，促使我們更能做出迅速有效的反應。

以上就是概念要成功的六大原則。總之，要創造一個成功的概念，
我們的清單是：一個簡單、意外、具體、可信、感人的故事（a Simple
Unexpected Concrete Credentialed Emotional Story）。眼尖的讀者會發現，
可以取上述句子中每個字的頭一個字母縮寫為 SUCCESs。當然，這純屬巧
合（好吧，我們承認 SUCCESs 有點老套，大可以把「簡單」改為「核心」
（Core），再重新排列一下。但你得承認，CCUCES 沒有那麼琅琅上口。）

運用這些原則不需要特殊的專門知識，也沒有黏性學專家的執照可領。
再說，多數原則都蘊含一種常識的氛圍：我們大多數人不是老早就憑直覺知
道，應該要「簡單」，也要「說故事」嗎？艱澀無比又懨懨無生氣的散文，
可沒有強力的支持者。

不過，請等一下。我們聲稱這些原則容易上手，其中大多數似乎也都
是常識，那麼有黏性的精彩概念怎麼沒有滿街都是？我們生活中的條列紀事
為什麼比諺語還多？這是因為，我們的故事中有個反派，這個反派是一種天
生的心理傾向，時時干擾我們運用上述原則創造概念的能力，它的名字是
「知識的詛咒」（Curse of Knowledge）。

別人不會知道你腦袋裡想的東西

一九九〇年，伊莉莎白・紐頓（Elizabeth Newton）獲得史丹福大學的
心理學博士學位，她的研究主題是一個簡單的遊戲，讓人們從「敲打者」或
「聆聽者」的角色中擇一扮演。

敲打者會收到一張列有〈生日快樂〉、〈星條旗〉等二十五首知名歌曲的清單。她要求每位敲打者從中選出一首歌,在桌上敲出節奏給聆聽者聽,聆聽者的任務則是依據敲出的節奏猜歌名(順帶一提,如果家裡有一個優秀的「聆聽者」,在家做這個實驗也挺有趣)。

聆聽者在這個遊戲中的工作並不輕鬆。在紐頓的整場實驗中,一共敲出了一百二十首歌,但聆聽者猜中的機率只有百分之二‧五,也就是一百二十首只猜出三首。

但這個結果適合寫成心理學論文的價值就在這裡。在聆聽者猜歌名之前,紐頓請敲打者預估聆聽者正確猜出歌名的機率,他們預測猜出的機率是百分之五十。

敲打者成功傳達訊息的機率只有四十分之一,他們卻以為自己兩次中會有一次成功。這是為什麼?

敲打者敲歌時,腦海裡會聽見那首歌。你可以敲敲〈星條旗〉的節奏試試,腦海裡一定會聽見那段旋律。然而,聆聽者卻聽不見那段旋律,他們只聽見一連串不成調的敲擊聲,活像怪異的摩斯密碼。

在實驗中,敲打者很詫異聆聽者似乎聽不出旋律,明明就是那首歌不是嗎?聆聽者把〈星條旗〉猜成〈生日快樂〉時,敲打者會露出荒唐至極的表情:你怎麼能笨成這樣?

當敲打者也不容易。因為敲打者已經獲得知識(歌名),要他們想像自己沒有那種知識是不可能的,所以敲歌時,無法想像聆聽者聽到的是孤立的敲擊聲,而不是歌曲時是什麼感覺,這就是「知識的詛咒」。一旦知道某件事,就很難想像不知道時是什麼感覺,這便是習得的知識「詛咒」了我們,我們會變得很難與別人分享這個知識。

敲打者/聆聽者的實驗每天都在世界各地上演,執行長與第一線員工、老師與學生、政治家與選民、行銷人員與顧客、作家與讀者,都各自扮演

著敲打者與聆聽者的角色。所有這些群體都會以持續溝通來克服問題，但就像敲打者與聆聽者，他們也因為資訊極度不平衡而吃足苦頭。一位執行長談「釋放股東價值」時，腦海裡正響起員工們聽不見的那段旋律。

要避免這種問題很難——執行長在商業邏輯與常規中打滾可能已經有三十年，想逆轉這段過程就和覆水難收一樣，是不可能的事，你棄絕不了已經學會的知識。事實上，要克服「知識的詛咒」只能靠兩個方法：一是什麼都不要學，二是讓你的概念脫胎換骨。

本書會教你如何讓概念脫胎換骨，克服「知識的詛咒」，上述六大原則就是你最精良的武器，可以當成核對清單來使用。就拿告訴員工他們必須努力「將股東價值最大化」的執行長來說明吧。

「將股東價值最大化」的概念簡單嗎？從簡短這點來看，是的，但缺乏諺語的那種實用的簡便性。這個概念令人意外嗎？不。具體嗎？一點也不。可信嗎？如果可信，也只因為是從執行長口中說出來的關係。動人嗎？嗯，不動人。有故事在裡面嗎？沒有。

請把「將股東價值最大化」這個概念，拿來對照一九六一年約翰·甘迺迪（John F. Kennedy）著名的呼籲：「在這十年落幕以前，我們要把人送上月球，再安全地送回來。」簡單嗎？簡單。意外嗎？意外。具體嗎？具體得驚人。可信嗎？這個目標聽起來很科幻，但有可信的根據。動人嗎？是的。有故事在裡面嗎？麻雀雖小，五臟俱全。

如果甘迺迪當過企業執行長，他說的可能是：「我們的使命是透過團隊至高的創新突破，以具有策略性目標的太空計畫，躍升為太空業的國際領袖。」所幸甘迺迪比現代的執行長更仰賴直覺，他明白晦澀、抽象的任務吸引不了人，也啟發不了人。月球任務是溝通者迴避「知識的詛咒」的經典例子，這是個精彩、美好的概念——單是這個概念，便激勵了數百萬人在那十年裡勇往直前。

創造令人忘不了的廣告

請想像創意源源不絕的那類人是什麼樣子……你的腦海中已經有那個人的形象了嗎?很多人聽到這個問題時,會描述一種令人熟悉的刻板印象,也就是「創意天才」:在知名廣告公司孵廣告詞的那類人。你也可能像我們一樣,想到的是抹髮膠、衣著入時,手上翻爛的記事本寫滿了諷語和悟見,隨時準備丟下手邊一切,在充滿咖啡因和白板的會議室腦力激盪四小時的人。也可能你的刻板印象沒有這麼多細節。

有些人比其他人更有創意,這點毋庸置疑,也許他們天生就是創意家。因此,你可能永遠也當不了黏性創意界的麥可・喬丹(Michael Jordan);不過,本書的前提就是,**創造具有黏性的概念,是有方法可學的**。

一九九九年,一支以色列研究團隊蒐羅兩百支頗受好評的廣告——全是頂尖廣告競賽中的決選者與得獎者。他們發現,獲獎的廣告有百分之八十九可以歸入六大基本範疇,或說六大模板。這是驚人的發現!我們或許以為有創意的概念是獨一無二的,是創意天才靈機一動的成果,但事實上,單憑這六個簡單的模板,便大有可為。

這些模板多半與「意外」原則有關。例如,「極端後果」(Extreme Consequences)模板會指出產品的某個屬性帶來的意外後果。有支廣告想強調車子的音響強勁有力,當音響放出旋律,連橋都會隨著音樂震動,音量放大時更會激烈搖晃到快要解體。同一個模板也能拿來說明美國廣告委員會(Ad Council)在二戰期間提出的一句著名口號:「口風不牢船艦沉。」(Loose Lips Sink Ships.),美國廣告委員會是一個為其他非營利與政府組織籌劃公益活動的非營利組織。

提到極端後果,也不能忘記一九八〇年代那則煎蛋的商業廣告:「你吸毒時,大腦就是這個樣子。」(This is your brain on drugs.)(也是美國廣告

委員會製作）。這種模板也會自動出現在天生具有黏性的概念中，一如牛頓在蘋果砸到頭時發現地心引力的那則故事。

研究者也試著用這六大模板為其他兩百個廣告分類，這些廣告來自相同的出版品，宣傳的是同樣類型的產品，只是並未獲獎。令人驚訝的是，研究者試圖為這些「不那麼成功」的廣告分類時，只有百分之二歸得了類。

這則故事驚人的教誨是：**極具創意的廣告比沒有創意的廣告更可預測。**就像托爾斯泰的名言：「幸福的家庭都很相近，不幸的家庭卻各有各的不幸。」也就是說，所有創意充沛的廣告都有相近之處，但沒有創意的輸家則各有各的缺點。

但是，如果有創意的廣告運用的全是同一組基本模板，那麼「創意」也許是教得來的。如果認識這些模板，也許就連沒有任何創意經驗的新手，也能提出更佳的創意，因此，好奇創意教不教得來的以色列研究者，也決定觀察模板能給人多少啟發。

他們請來三組新手，給每組關於三項產品（洗髮精、減肥產品、膠底運動鞋）的若干背景資訊，其中一組人收到產品的背景資訊後，隨即在沒有任何訓練的情況下開始製作廣告。研究者請來一位對該組訓練情形一無所知的資深創意總監，從他們的廣告中選出十五件最好的作品，再讓這這些廣告接受消費者的測試。這組人的廣告有其特點：消費者的評價是很「煩人」！（本土車商廣告是不是正是如此？）

第二組受試者則會先上兩個鐘頭的課，由一位資深創意教師教他們如何運用自由聯想進行腦力激盪。這項技巧是創意課的標準教學法，用意是拓展學生的聯想範圍，激發他們產生意外的連結，再將眾多創意擺上檯面，供大家選出其中最佳的點子。如果你上過這類激發絕佳點子的腦力激盪課，這或許就是你碰到的教學法。

之後，前述的創意總監又會從他們的廣告中選出十五個最佳廣告，他

對這組人的訓練情形依舊一無所悉,然後這些廣告會再接受消費者測試。消費者給這組廣告的評價是:沒有未經訓練的那組做的廣告那麼煩人,但這組的創意也高明不到哪兒去。

最後一組受試者會上兩小時的課,了解如何運用這六大創意模板。接著,前述的創意總監會再度選出十五個最佳廣告,接受消費者的測試。這些新手突然展現了創意。他們的廣告獲得的評價是:百分之五十的廣告比前兩組更有創意,消費者對廣告產品的態度也有百分之五十五變得更正面。只投入兩小時學習幾個基本模板,竟然就能帶來如此驚人的進步!因此,要激發有創意的點子,似乎確實是有條理可循的。

這個以色列研究團隊對廣告所做的研究,正是本書想為你的概念帶來的啟發。我們會給你建議,讓你以更有創意、更能有效感動觀眾的方式,量身訂做你的概念。我們提出的六項原則清單,正是為了這個目的製作的。

但使用模板或核對清單,不會太綁手綁腳嗎?我們該不會是想主張,「依序著色」的方法比空白畫布的教法更能產生創意作品吧?事實上,我們確實是這個意思。如果你想將概念傳達給別人,就應該要在規則的範圍內運作,因為這些規則正是讓其他概念歷久不衰的原因,畢竟你要發明的是新點子,而不是新規則。

本書無法提供萬無一失的祕法。我們必須承認:我們沒辦法告訴你,要如何讓一群十二歲兒童圍在營火旁大聊有絲分裂。另外,你為了改善流程而寫的備忘,也完全有可能不會在另一個文化中成為流傳數十年的諺語。

但是,可以向你保證的是:不論你的「天生創意」等級如何,你會明白只要專心付出一點努力,幾乎就能讓每個概念產生更多黏性,而具有黏性的概念,也是更可能促成改變的概念。而你所需要做的,不過是了解構思強力概念的六大原則。

第一章

簡　單

軍人要採取行動前，總會耗費大量時間再三計畫，此計畫還可以上溯至美國總統的一個最初命令。總統下令參謀首長完成目標，首長們定出行動界限，接著各種命令和計畫開始從將軍、上校、上尉，層層往下推展。

計畫都很詳盡，明定著「用兵計畫」和「砲火構想」，說明每個單位要採取什麼行動，要使用哪些設備，要如何替換軍用品，諸如此類。各級命令如雪球般愈滾愈大，連個別步兵在某個特定時間要採取什麼行動，都有具體指示。

軍方為計畫投入大量精力，而其流程也經過多年錘鍊，整個體系的溝通效率令人讚嘆，唯一的缺點是：計畫到最後往往無用武之地。

「我們永遠是那句老話：『計畫碰到敵軍，無不產生變化。』」西點軍校行為科學系系主任湯姆・柯迪茲（Tom Kolditz）說。「一開始你可能想按照計畫打仗，但敵方也是一個變數。

「戰場上會發生無法預料的事：天氣變化、關鍵設施遭破壞、敵方的反應出乎意料。很多軍隊吃敗仗是因為他們把所有重心都擺在研擬計畫上，但戰爭開打不過十分鐘，計畫就失效了。」

軍方面臨的挑戰，也類似你想寫指示請朋友代你下棋時面臨的難題。你很熟悉下棋的規則，對朋友和你的對手也有很深的認識，但如果你想寫下每一步的指示，那鐵定行不通，你頂多只能預測幾步棋，接下來就不行了。對手一出奇招，你的朋友就必須拋開你精心布置的計畫，憑直覺接招了。

柯迪茲上校說：「隨著時間過去，我們才逐漸領悟到讓人成功執行複雜行動的因素是什麼。」他相信計畫是有用的，因為他們的行動確實證實了計畫的實施，且研擬計畫的過程迫使人完整思考正確的議題。至於計畫本身，柯迪茲說：「計畫上了戰場硬是不管用。」因此，一九八〇年代，美國軍方調整了其研擬軍事計畫的過程，發明了「指揮官的意圖」（Commander's Intent）這個概念。

掌握指揮官的意圖

「指揮官的意圖」指的是，每個軍令的最頂端都是一個清晰、直白的聲明，明定著計畫目標、期望達到的行動最終狀態。在軍方高階，這個意圖可能比較抽象：「擊潰東南地區敵軍的鬥志。」在戰術方面，上校和上尉的軍令則會具體得多：「我的意圖是讓第三營登上四三〇五號丘，清除丘上的敵軍，只留下無用的殘兵，這樣我們才能從側翼掩護第三旅通過防線。」

「指揮官的意圖」絕不會明定很多細節，以免計畫因為不可預測的事件而中止。「你也許執行不了原本的計畫，但絕對割捨不了執行意圖的責任。」柯迪茲說。換句話說，如果四三〇五號丘最後只剩下一個第三營的士兵，他最好還是要設法從側翼掩護第三旅。

「指揮官的意圖」試圖校準各級士兵的行為，但長官不需要教他們如何一步步行動，他們只要知道期望達到的是哪個目標，就可以依需要自由行動，最後達到目標。柯迪茲上校舉了一個例子：「假設我正在帶一支砲隊，我說：『我們前進的路上要通過這支步兵隊。』這句話聽在不同隊伍耳裡有不同意義。技術兵知道他們沿路會需要很多修繕支援，因為如果一輛坦克車在橋上故障，整場行動就必須叫停。砲兵知道他們必須在步兵隊前進時，在交鋒區域發射彈幕或讓工兵製造煙霧，以免通過時遭到攻擊。身為指揮官，我可以花很多時間逐項列出每個特定任務，但只要他們知道意圖何在，就會動手自行找出解答。」

戰鬥演習訓練中心（Combat Maneuver Training Center）是負責軍事模擬的單位，該單位建議各級軍官要問自己兩個問題，來掌握指揮官的意圖：

如果明天的任務是我們什麼都不做，那一定要＿＿＿＿＿＿＿＿。

明天我們必須做到的唯一一件最重要的事是＿＿＿＿＿＿＿＿。

　　計畫碰上敵軍，無不產生變化。這條原則無疑也能引起很多沒有軍事經驗的人共鳴。例如，沒有一個銷售計畫碰到消費者時不會產生變化，沒有一套課程碰上青少年時不會產生變化。

　　在嘈雜、難以預料、混亂不堪的環境中，很難讓概念產生黏性。如果我們要成功，第一步要做到的是：簡單。簡單不是指「低能化」或「金句化」，要做到簡單，不需要凡事只用一個字表達。我們說的**「簡單」是指去蕪存菁，找出概念的核心。**

　　「找出核心」的意思是一層層剝掉概念的外殼，直到看見最關鍵的本質。要找到核心，我們必須剔除冗贅、無關緊要的成分，而這還算容易的事，困難的部分是要剔除掉可能確實很重要卻不是絕頂重要的概念。軍方的「指揮官的意圖」迫使軍官突顯一場行動中最重要的目標。**意圖的價值是來自其獨一無二**，你不可能找到五顆「北極星」，不可能同時擁有五個「最重要的目標」，也不可能同時有五個「指揮官的意圖」。

　　找出核心就好比寫出指揮官的意圖，事情是關乎捨棄許多優秀見解，讓最重要的洞見閃閃發亮。

　　法國飛行員與作家安東尼・聖修伯里（Antoine de Saint-Exupéry）對優美的工程設計提出的定義是：「設計師知道他達到了完美，不是因為再也沒有什麼可添加，而是因為再也沒有什麼可捨棄。」你要設計出一個簡單的概念，應該也要有達到這個目標的抱負：**在概念的本質失去之前，知道你還能拿掉多少東西。**

　　其實，我們也會遵循自己的建議，將本書去蕪存菁。做法如下：**讓概念產生黏性有兩個步驟，第一步是去蕪存菁，找出核心；第二步是運用SUCCESs原則清單，讓這個核心脫胎換骨**，就這樣。本章後半部將著重於第一步，第二步則分述於後續各章，拆解這些概念的第一步，我們要先來探索西南航空為什麼要刻意忽略消費者的飲食偏好。

為什麼西南航空能獲利三十多年？

眾所周知，西南航空是一間成功的公司，但它和競爭對手之間有個令人震驚的表現差距。雖然航空業的整體獲利只有曇花一現，但西南航空卻能持續獲利三十多年。

西南航空成功的原因可以用好幾本書來談（也確實有好幾本書談過），但最重要的那個因素，也許是該公司一直堅持不懈地降低成本。

每一間航空公司都想要降低成本，但西南航空數十年來都在確實執行降低成本，要成功做到這點，它必須持續協調從行銷人員到行李裝卸人員等數千名員工的結構。

西南航空擁有「指揮官的意圖」，這是協助指導這家公司的核心。詹姆斯·卡維爾（James Carville）與保羅·貝加拉（Paul Begala）指出：

赫布·凱勒埃（Herb Kelleher，西南航空在位最久的執行長）曾告訴他人：「我可以用三十秒教你經營航空公司的祕訣。祕訣就是：我們是天底下票價最便宜的廉航公司。你只要體悟到這個事實，就能和我一樣做出任何關於這間公司未來展望的好決策。

「舉個例子來說，」他說，「行銷部的翠西走進你的辦公室。她說她的調查顯示，旅客似乎希望從休士頓到拉斯維加斯的旅途中享有輕主餐，目前我們只提供花生，而她認為雞肉凱撒沙拉會很受歡迎。你會怎麼說？」

那人囁嚅了一會兒，凱勒埃便自己回答了：「你告訴她：『翠西，加上那個雞肉凱撒沙拉後，我們還會是那間從休士頓飛往拉斯維加斯、天底下最便宜的廉航公司嗎？』如果無助於我們變成所向無敵的那間廉價航空，我們就不供應什麼鬼雞肉凱撒沙拉。』」

　　凱勒埃的「指揮官的意圖」就是：「我們是天底下票價最便宜的廉航公司」。這是一個簡單的概念，不過非常實用，足以指導西南航空的員工三十多年。

　　好吧，「天底下票價最便宜的廉航公司」的核心概念當然不是全部的故事。舉例來說，一九九六年，西南航空開出了五千四百四十四個職缺，共有十二萬四千人應徵，因為這家航空公司是以職場環境優良著稱，很驚訝吧？為吝嗇鬼工作應該並不有趣，很難想像沃爾瑪超市的員工整天都能笑口常開地工作。

　　但是，西南航空卻似乎成功了，讓我們想想驅使西南航空的同心圓結構運作的概念。內圈也就是核心概念：「天底下票價最便宜的廉航公司」，但外圈可能是「享受工作」。西南航空的員工知道，只要不危及該公司身為「天底下票價最便宜的廉航公司」的地位，尋歡作樂是無妨的。新進員工可以輕易結合這些概念，不用書面指示，也知道在某些情況下要做何反應。比方說，可以在一位空服員生日時用機艙廣播開玩笑嗎？當然可以。那灑五彩碎紙祝福她也一樣可以嗎？可能不行，碎紙會給清潔人員帶來額外的工作，而額外的清潔時間意味著票價要跟著提高。這就和步兵依「指揮官的意圖」自行應變是一樣的道理，只是氣氛輕鬆愉快。總結就是，構思良好的簡單概念，能發揮形塑行為的驚人成效。

　　這裡要提出警告：你讀完本書的幾個月後，可能會想起「簡單」是SUCCESs 這張原則清單上的一點。你會在腦海裡的詞庫認真挖掘「簡單」的意思，因而獲得簡化、尋求最小公分母、讓事情變得容易等聯想。在那個當下，你必須提醒自己，我們探索過哪些例子。「天底下票價最便宜的廉航公司」和本章其他故事的「簡單」，並不是指其用字淺顯易懂，這些例子簡單，是因為反映出「指揮官的意圖」，重點是關於優雅與輕重緩急，而不是低能化。

最重要的資訊擺在最前端

新聞記者都學過，文章一開頭要先寫最重要的資訊。第一個句子叫做導言（lead），包含整篇故事最基本的要素。導言寫得好，可以傳達很多資訊，比如下列兩篇獲得美國報業編輯協會（American Society of Newspaper Editors）獎項的文章，其導言如下：

本週五，經過醫師描述為一帆風順的四小時移植手術，一顆健康的十七歲心臟將生命的大禮送進了三十四歲的布魯斯・穆雷（Bruce Murray）體內。

耶路撒冷，十一月四日：一名猶太極端分子今晚離開超過十萬人參與的特拉維夫和平集會時，射殺了總理伊扎克・拉賓（Yitzhak Rabin），使以色列政府與中東的和談過程陷入混亂。

在導言之後，其他資訊的重要性會次第降低。記者稱這是「倒金字塔」結構，也就是最重要的資訊（金字塔最寬的部分）擺在最頂端。

倒金字塔結構非常有利閱讀，不論讀者的注意力集不集中，不論他是只讀導言，還是會讀完整篇文章，都會讓他盡量讀到最多訊息。試想，換個做法會如何：如果新聞寫得像偵探小說，結局才來個大高潮，那只讀一半的讀者就讀不到重點了。等故事寫到最後一句，你才發現誰贏了總統大選或超級盃，你會做何感想？

倒金字塔結構也讓報紙能準時出刊。假設有一則突發新聞很晚才出現，逼得編輯必須從其他文章偷版面出來，而如果沒有倒金字塔結構，他們就得慢慢、仔細地編輯其他文章，從這裡挑掉一個字，從那裡刪掉一個詞。倒金

字塔結構可以讓他們只要直接砍掉其他文章的最後幾段就好了，因為那些段落（就構造來說）的重要性最低。

依據某個說法（可能是杜撰的典故），倒金字塔結構興起於內戰期間，當時所有記者都想透過軍用電報機把報導傳回辦公室，但傳電報的過程有可能隨時中斷；也許是被軍方人員撞到，或是傳輸線不翼而飛，這在打仗期間是常有的事。記者永遠不知道傳一篇報導要花多少時間，所以必須先傳最重要的資訊。

記者對導言很執著。以社論文章獲獎無數的唐・威克里夫（Don Wycliff）說：「我始終相信，如果有兩小時可以寫一篇故事，我分配時間的最佳方式是，用前一個小時又四十五分鐘來構思一句優秀的導言，這樣後面一切便會水到渠成。」

既然想出優秀的導言，就能讓一切變得順利，為什麼記者會有寫不出優秀導言的時候？記者常犯的一個毛病是——陷入細節太深，以致看不見訊息的核心，也就是讀者覺得重要或有趣的那個部分。

長年擔任報紙作者、也是南加州大學傳播系教授的艾德・克雷伊（Ed Cray），教授新聞學已將近三十年。他說：「你花愈長的時間寫一篇文章，就愈容易失去方向感，一旦每個細節都很重要，你就再也不知道要把文章寫成什麼樣子了。」

這種失去方向感、錯過核心故事的問題很常發生，記者為這種毛病取了個名字，叫做「埋沒導言」（burying the lead）。記者讓整篇故事最重要的部分落到文章最後面的時候，就會發生「埋沒導言」的情形。

寫導言（並避免兜圈子的誘惑）是發現核心這個過程的實際比喻。發現核心與寫導言都要逼自己擇優處理，假設你是戰地記者，在傳輸線被切斷前只能傳一句話，那你要傳什麼？只能有一句導言，只能有一個核心，你非做出選擇不可。

逼自己排出事物的先後順序，確實是很辛苦的工作。聰明人知道所有材料都有價值，但他們從中看出了細微差異與多重觀點，也因為他們能充分體認到情況的錯綜複雜，所以往往敵不過流連再三的誘惑。

這種鑽入複雜細節的傾向，永遠都牴觸著排出輕重緩急的需要。這個艱難的目標，正是卡維爾在一九九二年柯林頓的選戰中面臨的處境。

如果你說了三件事，那等於什麼也沒說

政治選戰中左右為難的情形層出不窮。如果你認為自己的組織存在著問題，請想想這種挑戰又如何：你必須從頭建立一個全國性組織，組織成員主要是不支薪、技巧多半也不純熟的工作者；你大概有一年時間可以籌組團隊，還要供應源源不絕的甜甜圈，組織中的每個人都要從同一本聖歌集唱頌歌，但你沒有時間讓唱詩班反覆演練，媒體還要你們每天都唱一首新歌；更糟的是，你必須時時對抗伺機就想抓你小辮子的對手。

柯林頓一九九二年的選戰是一個經典的例子，展現出如何在艱難的環境下運用具有黏性的概念。那場選戰不僅該有的複雜細節都有，柯林頓本人還添加了幾道新難題。首先是桃色新聞，但本書不需要重新檢視他的緋聞；再來，柯林頓天生是個滿腦子理論的政策專家，意思是只要有人發問，任何議題他都容易夸夸其談，而不是只專心談幾個關鍵原則。

身為他的首要政治顧問，卡維爾必須處理這種複雜的情況。有一天，為了維持焦點明晰，他在白板上寫下三條句子給所有參與選戰的志工看。這張即席清單中的一條是：「笨蛋，問題出在經濟！」這條訊息後來成為柯林頓打贏選戰的核心。

「笨蛋」這個詞本來是為了嘲弄他們自己的選戰志工，提醒他們不要

失焦，要專心處理重點。「訊息很簡單，而且謙卑，」卡維爾說明，「那時我想說的是：『我們別聰明過頭了，來這裡就不要把自己想得太聰明，莫忘基本原則。』」

柯林頓本人，特別是他本人，更需要專心。有陣子柯林頓很灰心顧問要他閉口不談如何平衡預算，儘管一九九二年那時，第三黨總統候選人羅斯·佩羅（Ross Perot）對平衡預算的立場正贏得愈來愈多正面關注。柯林頓說：「這些事我已經談兩年了，為什麼要因為羅斯參選，就不能談？」柯林頓的顧問群只好告訴他：「訊息要有輕重緩急，如果你說了三件事，那等於什麼也沒說。」

「笨蛋，問題出在經濟！」正是柯林頓這則故事的導言——而且是很優秀的導言，因為在一九九二年，美國正深陷經濟蕭條的泥沼。但既然「笨蛋，問題出在經濟。」是導言，平衡預算的必要性就不能也同時是導言了，所以卡維爾必須阻止柯林頓本末倒置。

不確定性會令人癱瘓

為什麼決定先後次序這麼難？理論上聽起來沒有那麼難，無非是把重要的目標擺在不那麼重要的目標之上，把「關鍵」目標擺在「有益」的目標之前。

但萬一我們分辨不出哪個是「關鍵」、哪個是「有益」呢？有時道理不是那麼分明，以致我們往往必須在不同的「未知」之間做出抉擇。這種複雜性能令你癱瘓。事實上，心理學家發現，如果事情太複雜、不確定因素太多，他們有可能被逼得做出不理智的決策。

一九五四年，經濟學家 L·J·薩瓦吉（L. J. Savage）曾描述人類做決

策的基本原則，他稱之為「確定事件原則」（sure-thing principle）。他以這個例子說明：有位商人正在考慮要不要買房產。眼前有一場選舉正要舉行，他本來以為選舉的結果有可能影響這片房產的吸引力。所以，為了釐清他的決策，他把兩種情境都思考一遍：如果共和黨贏了，他會決定買下那片房產；如果民主黨贏了，他還是會決定買下那片房產。既然兩種情境下他都會買，他決定逕自買下，儘管他不知道選舉結果如何。這樣下決策似乎很合理——薩瓦吉的邏輯沒有什麼好挑剔的。

有兩位心理學家卻有些意見。阿莫斯·特沃斯基（Amos Tversky）和埃爾達·沙菲爾（Eldar Shafir）隨後發表了一篇論文，證明「確定事件原則」並不是一定成立。他們發現在部分情境下，單是不確定因素的存在，似乎就會改變人們的決策——儘管就和那位商人買不買房產一樣，那個不確定因素和決策結果無關。舉例來說，假設你在上大學，剛考完重要的期末考，再過兩、三個禮拜就是聖誕節了，你為這場考試用功了好幾個禮拜，因為考試科目關乎你的日後生涯。

還要等兩天，考試結果才會下來。在這同時，你發現自己有機會以大減價的優惠價格，買到聖誕節假期去夏威夷旅遊的行程。你有三個選項：可以在今天買下這個行程，明天再買，或是付五元將價格維持兩天，讓你在得知成績後再決定。你會怎麼做？

你可能會和最初這場實驗中面臨抉擇的學生一樣，有點想先知道考試結果如何再決定。因此，特沃斯基和沙菲爾為兩組受試者直接去掉了這項不確定因素。他們事先就告訴學生考試結果。有些學生獲知他們通過了考試，而他們當中有百分之五十七的人選擇去旅遊（畢竟這是犒賞的好理由）。在獲知自己考試失利的其他學生當中，則有百分之五十四的人選擇去旅遊（畢竟這也是療傷的好理由）。通過和未通過考試的兩組人，都巴不得盡快飛往夏威夷度假。

　　轉折來了：像你一樣不知道期末考結果的那組學生，行為卻完全不同。大部分人（百分之六十一）會付五元等兩天。想想看多有意思！如果考試過關，你會想去夏威夷；如果考試失利，你也會想去夏威夷；但如果你不知道過不過得了關……你卻決定等等看？這可不是確定事件原則顯示的行為方式。這就彷彿前述的商人決定等選舉結束才買房產，儘管選舉結果如何都不影響他買那片房產的意願。

　　特沃斯基和沙菲爾的研究顯示，**不確定性會令我們癱瘓，就算那個不確定事件與決策無關**。另一項由沙菲爾與同事唐諾・雷德邁（Donald Redelmeier）主持的研究顯示，**決策癱瘓也可能是由選項引起**。例如，假設你在唸大學，有天晚上碰到了這個選擇。你會怎麼做？

1. 去聽你仰慕的作者來學校的演講，演講只有今晚這場
2. 去圖書館唸書

　　唸書和一生僅有一次機會的演講比起來，似乎不怎麼吸引人。給實際的大學生作答時，只有百分之二十一的人決定唸書。

　　換一種情形，假設你有三個選項：

1. 去聽演講
2. 去圖書館唸書
3. 去看一部你一直想看的外國電影

　　你的抉擇會改變嗎？值得注意的是，請另一組學生來面對這三個選項時，有百分之四十的學生決定唸書——比前一組多出一倍。給學生兩個唸書

以外的好選項，而不是只有一個選項，反而弔詭地讓他們兩個都不選，這種行為並不「理性」，但很人性。

決定事物的輕重緩急，能防止人們陷入左右為難的決策流沙，這就是找出核心的可貴之處。願意聽我們建言的讀者，日後還會持續在不確定的環境中做決策，他們會因為必須抉擇而焦慮，儘管是在兩個好選項之間做抉擇，例如聽演講和看外國片。

核心訊息能提醒人重點何在，進而協助人避開不好的選擇。例如在凱勒埃的寓言中，有人必須在供應雞肉沙拉和不供應雞肉沙拉之間做選擇，而「天底下票價最便宜的廉價航空公司」的訊息會引導她捨棄供應雞肉沙拉的選項。

案例分析

本書目標是協助你讓概念產生黏性。因此，我們會從頭到尾定期提供「案例分析」，從實務角度說明如何增加概念的黏性。

這些分析的靈感來自瘦身中心經典的「前後對照」圖──用可見的證據告訴你，他們的瘦身法有效。就像讓病患嘗試新的瘦身法，診察的本意會依病患的需要改變；有些人需要強力協助，例如胃間隔手術和抽脂，有些人則只需要減掉幾公斤腰上的肉。

分析的要點不是讓你對我們的創意天才五體投地，所幸本書讀者和作者都沒有把這當成目的，因為我們不是創意天才，重點只是要把增添概念黏性的過程樹立成模型。傳統的做法是事先聲明不要在家嘗試，但我們反而要建議你在家嘗試自我分析。請思考你的每條訊息，斟酌要如何運用本書描述的原則增進其黏性。

跳過分析部分也無妨，這些分析只是當成本文的補充，不是主要材料，但我們仍希望對你有用。

案例分析

警告 日曬的危險

情況 俄亥俄州立大學的健康教育學者希望告知各校社群日曬的危險

✿ ✿ ✿

訊息一 俄亥俄州立大學在網頁上列出了關於日曬的幾點事實。我們為每段加上序號，以便進行下面的訊息分析：

日曬：預防與保護措施

（1）人們往往認為皮膚曬成金黃色或古銅色是一種地位的象徵。這個觀念可能來自以下這點：有時間長久躺在陽光下，曬出一身深膚色的人，或是冬季能到氣候溫暖的地區旅行的人，要比「一般人」有錢有閒。儘管如此，很多人曬太陽的目的是為了在早春擁有深色膚色，或希望假期結束時，自己的皮膚散發充滿活力的健康光澤。不論古銅色肌膚是不是代表地位，任意曝曬在陽光下可能是有害的。陽光中的紫外線會破壞皮膚，也會造成視力問題、過敏反應、免疫系統功能低下。

（2）曬黑和曬傷是陽光中的紫外線造成的。紫外線看不見也摸不著，卻會穿透皮膚，刺激細胞產生黑色素，即一種褐色色素。黑色素能吸收並分散紫外線來保護皮膚。膚色深的人體內的黑色素較多，對紫外線具有較強的天生保護力，也較容易曬黑。金髮白皮膚、紅髮白皮膚或其他膚色白的人，體內的黑色素較少，所以容易曬傷。

（3）紫外線刺激黑色素產生後，黑色素會浮上皮膚表面，也就是曬黑，深膚色能保護往後皮膚不受日曬傷害。但膚色呈橄欖色、褐色、黑色等深色的人，如果任意曝曬於陽光下，仍無法完全避免曬傷和皮膚損傷。

（4）陽光中存在著兩種紫外線（UV）：UVA 與 UVB。UVB 會導致皮膚灼傷或與曬傷有關的紅斑、皮膚癌、皮膚早衰。UVA 會刺激黑色素產生，但也與其他問題如視力受損、皮疹、過敏或其他藥物反應有關。

（5）過度曝曬造成的皮膚損傷會逐年累積，無法逆反。一旦傷害造成，就覆水難收。嚴重而長期的損傷大多發生在十八歲以前。保護皮膚應該盡早開始，尤其是喜歡在大晴天到戶外玩耍的孩童。

在閱讀底下的分析前，請先回頭重讀訊息一。你會如何改善這則訊息？

分析一 這裡的導言是什麼？核心是什麼？第一段說明古銅色肌膚是一種地位象徵，但這只是有趣的題外話（其實訊息本身也承認：「不論古銅色肌膚是不是代表地位……」）在我們看來，第五段散發著核心的七彩光芒：「……皮膚損傷會逐年累積，無法逆反。」哇！這不正是我們想告訴追日族的那件要緊事嗎？相較之下，第二到四段提供的只是多餘的機制說明。同理，癮君子真的需要了解肺部如何運作，才能體悟抽菸的危險嗎？

訊息二 在下列文字中，我們重新排列各點，補強了一下文筆，希望能揭露導言。

日曬：如何提早變老

（　5　）過度曝曬造成的皮膚傷害如同老化：傷害會逐年累積，無法逆

案例分析

反。一旦傷害造成,就覆水難收。嚴重而長期的損傷多半發生在十八歲以前。所幸,不同於老化的是,皮膚傷害是可以預防的。保護皮膚不受陽光傷害應該盡早開始,尤其是喜歡在大晴天到戶外玩耍的孩童。

(2、3、4) 曬黑和曬傷是陽光中的紫外線造成的。紫外線會導致曬傷,這是深層皮膚傷害的暫時標記。曬傷最後會從表面消失,但深層的傷害會留下,最後導致過早衰老或皮膚癌。

(1) 諷刺的是,金黃色、古銅色的肌膚往往被看成是健康的象徵。但紫外線不僅會傷害皮膚,也會造成視力問題、過敏反應、免疫系統功能低下。因此,與其說這是「健康的古銅色」,也許我們應該改稱這樣是「曬出病」。

分析二 這則訊息的核心是,皮膚損害是累積而無法逆反的。所以我們重寫訊息強調那點,也刪掉非必要的資訊。我們這麼做,是為了突顯強迫擇優處理的過程;為了讓核心發光,我們非刪掉某些有趣的內容(例如提到黑色素那一段)不可。

我們想以幾種方式突顯核心。首先是不賣關子,把核心推到舞台前。其次,我們加上老化的比喻,以強調傷害無法逆轉的概念。最後,我們加上具體、或許也出人意料的意象:曬傷是一種傷害的信號;曬傷或許會從表面消失,卻會留下深層的傷害。

記分

清單	訊息一	訊息二
簡單	-	√
意外	-	√
具體	-	√

可信	-	-
情感	-	-
故事	-	-

關鍵要點 避免埋沒導言。請不要為了娛樂觀眾而從有趣但無關緊要的細節寫起,請致力將核心訊息本身變得更有趣。

人名,人名,人名

北卡羅來納州的鄧恩(Dunn)是位在羅里(Raleigh)南方四十英里的小鎮,有一萬四千名居民,勞力主要是藍領。早上當地餐館會擠滿吃大份早餐配咖啡的人,女侍會叫你「甜心」。那座小鎮最近開了一間沃爾瑪超市。

總而言之,鄧恩是一個很正常的地方,只有這點除外:幾乎每個人都讀當地報紙《每日紀錄報》(*Daily Record*),事實上,讀這份報紙的還不只是鄧恩的每位本地居民。

《每日紀錄報》在鄧恩社區的讀報率是百分之一百一十二,超過國內任何一家報紙。就其超過百分之百的社區滲透率來說,以下必有一件事為真:(1)從鄧恩以外的地區來的人(也許是通勤到鄧恩工作的人)也在買這份報紙;(2)有些家庭不只買一份報紙,也許在鄧恩,要夫妻分享一份報紙很難。

要如何解釋這種驚人的成功?鄧恩人肯定有許多其他閱讀新聞的選項:《今日美國》(*USA Today*)、羅里的《新聞與觀察報》(*News & Observer*)、CNN、網際網路,還有數百種其他管道,為什麼《每日紀錄報》這麼受歡迎?

　　鄧恩的《每日紀錄報》是胡佛・亞當斯（Hoover Adams）在一九五〇年創立的報紙。

　　亞當斯是天生血液裡就流著墨汁。他的第一份副業是為童軍營送快信，高中打工當羅里的報社記者，也就是特約記者；二戰後，亞當斯成為《鄧恩快報》（Dunn Dispatch）的編輯，最後，他愈來愈待不下《鄧恩快報》，於是決定自行創辦《每日紀錄報》。一九七八年，經過二十八年的市場硬戰之後，《鄧恩快報》終於投降，賣給了他。

　　在五十五年來的報紙出版生涯中，亞當斯有一個始終不變的編輯哲學：他相信報紙務必要以當地新聞為主。事實上，他對報導社區新聞很狂熱。

　　一九七八年，有鑑於《每日紀錄報》對當地議題的關注不足，挫折的他寫了幾句話給員工看，解釋他的觀點：

　　我們都知道大家讀地方報的主要原因，是為了看當地名人的消息和相片。這是我們可以做得比任何人都好的事。也是我們的讀者從其他地方讀不到的消息。請務必謹記，安吉爾（Angier）市長與利靈頓（Lillington）市長對那兩個城鎮的重要性，就和紐約市長對紐約市民的重要性是一樣的。

　　說白一點：亞當斯對當地新聞的關注並不是出自什麼革命性的情操。對小型報紙的出版商來說，他的觀點沒有什麼新鮮之處。但我們不難看出，大多數的地方報紙並沒有體現出這個概念，一般的地方報都充滿著外電消息、職業球隊分析、半個人也沒有的現場照片。

　　換句話說，找出核心並不等同於傳達核心。最高管理階層也許知道輕重緩急在哪裡，卻無法完全有效地分享並達到那些優先目標，亞當斯設法找出並分享了那個核心。他是怎麼做到的？

人名比什麼都重要

亞當斯發現了報紙的運作核心：當地焦點；接著，他專心分享核心訊息——讓員工們牢記在心。本章接下來（後續章節也是）將討論讓核心訊息更具有黏性的做法，我們從亞當斯如何讓「當地焦點」產生黏性說起。

多數出版商口頭上都會說自己重視地方焦點，但亞當斯對這點極為執著，執著到願意打破底線：

事實是，地方報刊出再多當地人名都不嫌多。如果我們找得出人名來填，我很樂意多僱兩個排版員，再為每份報紙多加兩頁。

就算是無聊的當地焦點，他也樂意刊出：

我敢打賭，如果《每日紀錄報》在今晚重印鄧恩的整本公用電話簿，有一半居民還是會坐下來確認自己的名字有沒有在上面……如果有人告訴你：「噢，你才不可能刊出那麼多名字。」請向他們拍胸脯保證，列出所有名字正是我們的目標，而且是首要目標。

為了強調當地焦點的價值，他樂得誇大其詞，還引用在班森（Benson）辦地方報的友人雷夫·迪拉諾（Ralph Delano）的話：

如果原子彈落在羅里，那也不會成為班森的新聞，除非有些碎片和煙塵落到班森眼前來。

事實上，有人問亞當斯為什麼《每日紀錄報》如此成功時，他的回答

是：「因為三件事：人名，人名，人名。」這是怎麼回事？亞當斯發現了他想傳達的核心概念：當地焦點是報紙成功的關鍵，那是第一步，第二步是把這個核心訊息傳達給他人知道，而他做得相當出色。

請觀察亞當斯傳達他有多認真看待當地焦點時，使用了哪些技巧。

他使用類比：把安吉爾市長拿來與紐約市長相比（本章後文會有更多關於類比的討論）。

他說只要記者提出的人名夠多，他願意多僱排版員來排他們的報導，這是在強迫排出事情的輕重緩急：當地焦點比盡量節省成本更重要（這可不是小鎮報紙常見的情操。請見「意外」一章）！

他傳達的語言也是清晰、具體的。他到底想要什麼？人名。他希望每天報上都刊出許多人名（請見「具體」一章），這個概念具體得足以讓報社內的每個人都體會並運用。有誤解的空間嗎？員工有可能不了解亞當斯所說的「人名」是什麼意思嗎？

「人名，人名，人名」是簡單的聲明，象徵著一個核心真理。重點不只是人名很有效，在亞當斯的心裡，人名比成本還重要，人名比文章寫得好還重要，人名比原子彈在鄰近社區爆炸還重要。

亞當斯創立這份報紙已有五十五年，社區焦點的核心價值已經協助了該報的數百位工作者，在數以千計的情況下做出良好的決策。身為出版商，亞當斯監督了近兩萬期報紙，每一期都牽涉到無數個決策：我們要採訪哪個故事？那些故事的重點是什麼？我們要放哪些照片？我們要刪掉一哪篇來節省版面？

亞當斯不可能親自參與這數百個小決策，數量太多了，但他的員工卻沒有因此陷入決策癱瘓，因為亞當斯的「指揮官的意圖」很明確：「人名，人名，人名。」亞當斯沒辦法無所不在，但找出核心並明確分享，已經讓他無所不在，具有黏性的概念就是有這種威力。

簡單＝核心＋簡潔

亞當斯是聰明的語言藝術家，但他最實用的妙語，卻可能是最不拐彎抹角的這句：「人名，人名，人名。」這句話實用好記，不僅因為非常具體，也因為十分簡潔。這個例子顯示出簡單的第二個層面：簡單的訊息要有核心，也要簡潔。

從某個層面來看，簡潔這個概念沒有什麼爭議性，應該很少人會建議你用冗長的句子拐彎抹角地傳達觀點，除非你是為信用卡公司寫利率聲明。我們知道句子比段落好，分兩點說明比分五點說明好，用字淺白比用字艱澀好。然而，這是頻寬的問題：我們愈能削減概念的資訊量，就愈能增加概念的黏性。

但必須說清楚的是：單靠簡潔是不夠的。我們緊緊抓住的簡潔訊息，有可能不是核心訊息；也就是說，儘管這是個簡潔有力的口號，卻反映不出「指揮官的意圖」。簡潔的訊息或許具有黏性，但無法說明訊息有沒有價值。我們可以想像出簡潔卻不實的訊息（「地球是平的」）、簡潔卻無關緊要的訊息（「山羊喜歡嫩芽」）、簡潔但欠思慮的訊息（「每天非買一雙鞋不可」）。

在其他例子中，簡潔本身也可能像不值得追求的目標。我們很多人都有特定領域的專才，成為專家意味著我們愈來愈著迷於細節和複雜性，「知識的詛咒」就是從這時開始起作用，我們會忘記本來一無所知的滋味，到那個時候，讓事情變簡單似乎會變得和「低能化」沒兩樣。身為專家，我們不想聽到有人指責我們只懂得滿口金句，或是迎合最低層次的品味，我們害怕化繁為簡會變成過度簡化。

因此，如果我們要把「簡單」定義成核心與簡潔，就必須向自己保證，那是值得奮鬥的簡潔。

我們已經找出了核心，為什麼還要簡潔？精心解釋的概念難道不會比「化繁為簡」的概念更實用嗎？假設我們把簡潔推到極致，以金句的形式說得出有意義的話來嗎？

一鳥在手勝過二鳥在林

數千年來，人們都在交流稱為諺語的金句，諺語很簡單，但也富於深意。西班牙作家塞凡提斯（Miguel de Cervantes）將諺語定義為「得自長遠經驗的短句」。

舉一個英語諺語為例：「一鳥在手勝過二鳥在林。」這個句子的核心是什麼？其核心訊息是要警告人不要為了投機而放棄實際握在手中的事物。這個諺語輕薄短小，但蘊含智慧的寶藏，在很多情況下都適用。

事實是，不是只有英語才有這句諺語。瑞典人的俗話是「一鳥在手勝過十鳥在林」，西班牙人說「一鳥在手勝過空中百鳥」，波蘭人說「手中的麻雀勝過屋頂上的鴿子」，俄羅斯人則說「追逐空中的白鶴，不如握緊手中的山雀」。

羅馬尼亞、義大利、葡萄牙、德國、冰島，甚至中古拉丁文，都找得到類似的句子。英語中第一個有書面記載的例子出現在約翰‧班揚（John Bunyan）一六七八年的《天路歷程》（*Pilgrim's Progress*）中。但這句諺語還可能更古老。在一則伊索寓言中，一隻獵鷹抓到了夜鶯，夜鶯求獵鷹饒牠生路，辯稱自己小到不夠塞牠的牙縫。獵鷹回答：「如果我放棄到手的鳥，去追另一隻不見影子的鳥，那就太笨了。」這則故事寫於西元前五七〇年。

這麼說來，「一鳥在手」的諺語是一個黏性驚人的概念，已經流傳了兩千五百多年，橫跨各個大陸、各種文化，深植於各種語言。請記住，可沒

有人為「一鳥在手」投入廣告資金，這句諺語是自行流傳的，其他多數諺語也相傳甚久。事實上，幾乎每個有史冊記載的文化，都有一個諺語寶庫。為什麼呢？這樣的目的是什麼？

諺語有助於引導個人在具有共同標準的環境下做決策，那些共同標準往往是倫理或道德規範。諺語為個人提供經驗法則，「己所不欲，勿施於人」這條金科玉律意義深遠，足以影響人的一生行為。「金科玉律」也極佳地象徵著本章追求的目標：簡潔得足以產生黏性、意義深遠得足以帶來改變的概念。偉大的簡單概念優雅而有效，運作起來很像諺語，而塞凡提斯對「諺語」的定義，呼應著我們對「簡單概念」的定義：得自長遠經驗（核心）的短句（簡潔）。

我們對金句持疑是有道理的，因為多數金句是空泛或誤導人的——簡潔但沒有核心。我們所追求的「簡單」不是金句，而是諺語：簡潔、具有核心。

亞當斯試圖將他的核心概念（必須不顧一切地專注於當地議題）化為一則新聞業諺語，「人名，人名，人名」這個概念，有助於指導個人在有共同標準的社群中做決策。

如果你是攝影師，這則諺語沒有任何字面上的價值，除非你打算拍名牌卡。但如果你知道你的公司要靠人名繁盛起來，就得報導當地社區成員的活動，那層認識就會成為你拍攝的行動方針。你會去拍委員會無聊的商議過程，還是公園的日落美景？答案是：委員會的商議過程。

功能複雜反而難用

簡潔的概念有助人學習並記住核心訊息，更重要的是能促使人適時採取妥善行動，特別是在選項琳瑯滿目的環境中。

為什麼遙控器上的按鍵比我們需要的還多？答案要從工程師的高尚初衷說起。

科技與產品設計企劃大多必須抵抗「功能蔓延」（feature creep）的問題，也就是把產品變得愈來愈複雜，直到無法良好執行其原始功能的傾向，錄影機就是一個例子。

功能蔓延的過程不是刻意的。工程師設計遙控器的原型時，可能這樣問過自己：「嘿，遙控器表面還有一些額外空間，晶片也還有一些額外的處理能力，與其白白浪費，讓人可以轉換不同日曆格式如何？」

那位工程師是一片好意，他只是想加上另一個讓人讚嘆的功能，增進遙控器的表現，同時，團隊裡的其他工程師則不特別關心日曆格式這回事。就算他們覺得彆腳，可能也還不到出聲抗議的程度：「如果不把那個日曆功能鍵拿掉，我就退出！」於是，遙控器的功能便緩慢、靜靜地膨脹到爆炸，延伸到其他科技也是如此。

Palm Pilot 團隊意識到這種危險，所以對功能蔓延設下強硬的防線。一九九〇年代團隊開始投入掌上電腦時，個人數位助理（personal digital assistant, PDA）的失敗紀錄還沒有人打破過，蘋果（Apple）牛頓 PDA 的著名敗筆，讓其他競爭者也裹足不前。

一九九四年，一台看似營養不良的電腦成為 PDA 市場上的一個競爭者，那台電腦很笨重，附鍵盤和眾多周邊設備的接口。Palm Pilot 的團隊領導人傑夫・霍金斯（Jeff Hawkins）決定要讓產品避免落入這種命運，他希望 Palm Pilot 掌上電腦簡單，只處理四件事：行事曆、聯絡人、記事本、待辦事項。Palm Pilot 只做這四件事，但會好好做。

為抗拒功能蔓延，霍金斯隨身帶著一個和 Palm Pilot 大小相當的木塊。Palm V 設計團隊的成員崔伊・瓦薩羅（Trae Vassallo）說：「那木塊很呆板，呼應著產品簡單的科技目標，但那木塊也很小，讓產品顯得優雅而不同。」

霍金斯開會時會拿木塊出來「做筆記」或在走廊上「查行事曆」。每當有人建議另一項功能，霍金斯就會拿出木塊，問他們還放不放得下那項功能。

瓦薩羅表示，Palm Pilot 成為一項成功的產品，「差不多是因為，這項產品的定義不是來自它做得到什麼，而是它做不到什麼。」著名矽谷設計公司 IDEO 的執行長湯姆・凱利（Tom Kelley）也同樣指出：「最早的 PDA 實際面對的困難是⋯⋯人們期待機器無所不能。」霍金斯知道其產品的核心目標必須是優雅、簡單（還要頑強防範功能蔓延）。為了分享這個核心概念，他和團隊使用了以視覺為基礎的諺語，那個木塊從視覺上提醒他們，只做幾件事就好，但要做到完善。

研發 Palm Pilot 掌上電腦和卡維爾主導的柯林頓選戰工作之間，有一個驚人的相似之處。

兩組團隊的成員都是知識淵博、對工作極具熱忱的人。兩個團隊也都擁有充沛的人力，願意也有能力做各種不同的事——辯論每個議題和設計每項功能，但兩個團隊也都需要有人做出簡單的提醒，以免他們抵不住誘惑，做得太過火。說了三件事，便等於什麼也沒說。**當遙控器有五十個按鍵，你就再也不知道要怎麼轉台了。**

簡潔又有深意更具黏性

訊息必須精簡，因為我們一次只能學到並記得有限的資訊。但假設我們評估訊息的核心後發現，簡潔的諺語容不下我們想傳達的資訊，那怎麼辦？要如何在有需要的時候傳達大量資訊？

以下的練習是用來加強簡潔的需要，也提示讀者如何把更多資訊塞進簡潔訊息中。

　　這項練習的規則如下：請研讀下列字母，研讀的時間不要超過十到十五秒。接著闔上書本，拿出一張紙，盡量寫下你所能記得的字母。破梗警告：還沒做完練習，最好把下半頁遮住。

J FKFB INAT OUP SNA SAI RS

　　如果你和大多數人一樣，那可能會記得七到十個字母，那不算很多資訊。簡潔是要件，正是因為我們只能同時掌握有限的資訊。

　　現在可以繼續以下的練習了。

　　這次事情有點不一樣，我們沒有改變字母的順序，只改變了字母的組合。請再次研讀字母十到十五秒，然後闔上書本來測試你的記性如何。

JFK FBI NATO UPS NASA IRS

　　你第二次的表現，可能會比第一次好。這些字母突然生出了意義，變得容易記住。在第一輪練習中，你試著死背原始資訊，到第二輪，你開始想起概念：甘迺迪（JFK）、聯邦調查局（FBI）、北大西洋公約組織（NATO）、全球優捷快遞（UPS）、美國國家航空暨太空總署（NASA）、國稅局（IRS）。

　　但是，請等一下。為什麼想起甘迺迪（JFK）比想起 J、F、K 三個個別字母還容易？正因為 JFK 三個字蘊含的資訊量，遠比三個任意組合的字母更多呀！

　　請思考與 JFK 有關的所有聯想：政治、感情、遇刺事件、著名的甘迺迪家族。如果記性就像舉重，以為想起（舉起）JFK 比想起（舉起）區區三個字母更容易，就太荒謬了。

　　當然，祕密在於我們並不是要「舉起」JFK，所有與 JFK 有關的記憶工作早已完成，化為我們體內的骨肉：JFK 這個概念、所有聯想，都已嵌入我們的記憶中，我們所想起的只是指出這些資訊的指標——在記憶的領土上豎立的一面小旗子。但是，要記得三個個別字母，我們只能各立一面旗子，於是這變成一點資訊（或一面旗子）與三面旗子對壘的情況，一面旗子比較容易記住，並不令人驚訝。

　　那又如何？這不過是個小型記憶問答吧？重點是：我們已經知道簡潔的概念更具黏性，但單憑簡潔卻不足以讓概念產生價值，只有簡潔又有深意的概念才有價值。

　　因此，為了讓深刻的概念變得簡潔，你必須將諸多意義塞進一個簡短的訊息裡。要怎麼做到這點？運用記憶的旗子，連接觀眾既有的記憶領土，運用現有的事物。

喚醒記憶庫中的資訊

　　到目前為止，我們已經呈現出以一或數個簡單的概念實際引導行為的情形。但是，多數人做的事大多是複雜的。我們不是想主張複雜的事物（法律、醫學、工程、程式設計、教學）可以削減為兩、三條精簡的訊息，但我們顯然無法用一個簡潔的概念來代表一間建築學校（不讓建築物倒塌）。

　　因此，我們來到另一個尚待討論的重要議題：你要如何讓大一新鮮人變成建築師？如何從簡單中孕育出複雜來？我們主張，只要巧妙運用，就能從簡單中創造出複雜來，正確地呈現並鋪設簡單的概念，就能很快讓概念變得豐富。讓我們來告訴你「柚子」是什麼（如果你已經知道柚子是什麼，請配合我們一下，假裝無知）。我們可以用以下方式向你說明柚子是什麼：

說明一：柚子是最大的柑橘類水果。果皮厚，但柔軟好剝。剝好皮的柚子呈淺黃到珊瑚粉膚色，嚐起來可能多汁，也可能稍乾，可能香甜可口，也可能酸澀嗆鼻。

小問題：根據這項說明，如果你混合一半柚子汁、一半橘子汁，嚐起來會好喝嗎？你可以猜猜看，但答案可能有點含糊。

我們再看另一則說明。

說明二：柚子基本上是超大號葡萄柚，果皮厚而柔軟。

說明二豎立一面旗子在你已經知道的概念上：葡萄柚。我們告訴你柚子就像葡萄柚時，你的腦海會生出葡萄柚的形象，然後我們告訴你如何改變那個形象：那是「超大號」的葡萄柚，你腦海裡的葡萄柚因此變大。

我們讓你更快學到一個新概念的方法是，把這個概念與你早已知道的舊概念連在一起。在這個例子中，那個舊概念是「葡萄柚」，「葡萄柚」在你心裡已經形成基模（「基模」〔schema〕是有點技術性的心理學術語，但因為非常實用，所以我們認為值得帶進本書）。

心理學家將基模定義為一個概念或範疇的一組通用特性。**基模是由許多預先記錄在記憶庫中的資訊組成**，如果有人告訴你她看見了一輛很棒的新跑車，你腦海中油然升起的圖像，會充滿跑車的通用特性。

你知道「跑車」是什麼樣子，你的腦海中會出現一輛兩門小車，或許是敞篷跑車；如果那輛車動起來，速度會飛快；跑車的顏色十之八九是紅色。同樣的，你的「葡萄柚」基模也包含一組通用特性：黃粉色、酸味、壘球大小等。

喚起那個葡萄柚基模，才能讓你更快了解柚子的概念，比機械性地列出柚子的所有屬性更有效。

也請留意這樣一來，你也更能回答混合柚子汁和橘子汁是什麼味道的

問題。你知道葡萄柚汁加橘子汁很好喝，所以柚子基模也從葡萄柚基模繼承了這個特性（為完整起見，順帶一提，說明一本身就充滿著許多基模，「柑橘類水果」是基模，「果皮」是基模，「嗆鼻」也是基模。說明二比較好分析的原因只有一個：「葡萄柚」是更高層次的基模，在這個基模底下包含著其他基模）。

說明二運用基模來加強我們的理解力和記憶，讓我們從倒金字塔結構來思考這兩種「柚子」的定義。

導言是什麼？嗯，說明一的導言是：柑橘類水果。在導言之後，就沒有清楚的層級了；注意力強一點的人或許會記得果皮的資訊（「果皮厚，但柔軟好剝」），或是顏色的資訊（「淺黃到珊瑚粉膚色」），或是多汁與否的資訊、味道的資訊。

說明二的導言是：像葡萄柚，第二段是：超大號，第三段則是：果皮厚而柔軟。

從現在起的六個月後，人們會記得（頂多！）我們說明中的導言。那意味著在第一則故事中，他們記得的是「水果」或「柑橘類水果」，在第二則故事中會記得「葡萄柚」，第二則故事顯然較好——這可不僅是我們的主觀判斷。

你讀過的最後一則柑橘類水果的心理學討論，也在這裡走向結論。雖然「柚子」的概念或許不值得你傷透腦筋，但底下的概念卻至關緊要：**基模能讓簡單變得有深意。**

好老師會本能運用許多基模。例如，經濟學老師會從最精簡、根本的例子來教不認識任何經濟學基模的學生。「假設你種蘋果，我種橘子，我們是附近唯一種水果的人。假設我們兩種水果都想吃到，而不是只吃自己種的那種水果，那我們應該交易嗎？如果是，要怎麼交易？」

老師一開始是要學生了解，交易是如何在這個簡化的脈絡進行。接著，

這層知識就會在他們心裡變成基本的交易基模。學會以後，就可以隨時召喚這個基模，往其他方向延伸。比方說，如果你的蘋果收成突然變好了呢？我們還是照從前的方式交易嗎？為了解答這個問題，我們會喚起基模來改編，就像我們從葡萄柚基模來理解柚子一樣。

精確重要但要有效

基模幫助我們從簡單的素材中創造出複雜的訊息。學校有很多科學課會巧妙運用基模來教學，初級物理學也是從簡單、理想化的情境起步：滑輪、斜面、在無摩擦的路徑上以恆速移動的物體。等學生更熟悉「滑輪」的基模後，再設法延伸，或是融合其他基模來解決更複雜的問題。

另一個善用基模的例子是原子的太陽系模型，我們小時候都是這樣學會的。這個模型假定電子繞著核子運轉，就像行星繞著太陽運轉，這個比喻能讓學生對原子的運作很快產生精簡的見識。

行星的比喻也讓人體悟到，為什麼多數人會捨簡潔的基模（「超大號葡萄柚」）不用，而偏好使用詳盡的描述（「柑橘類水果，果皮厚，但柔軟好剝……」）。

有時使用基模會讓人繞一圈才抵達「事實的真相」。例如，物理學現在已經知道，電子不是像行星繞太陽般繞著核子運轉，事實上，電子是以「機率雲」的模式運動。那你要如何把這點告訴一個小學六年級學生？你會用行星的運動來說明，因為這比較好懂，然後慢慢移向真相嗎？還是你會說明何謂「機率雲」，因為儘管無法了解，但這才是精確的事實？

要從這兩者做抉擇似乎不容易：（1）犧牲易懂性，精確為上；（2）犧牲精確性，易懂為上。但在多數情況下，出於這個有力的原因，這個選擇

並不存在：如果無法運用這個訊息進行預測或決策，那不管這個訊息有多精確、多周全，都毫無價值。

　　凱勒埃可以告訴空服員，她應該把「將股東價值最大化」當成目標，在某種意義上，這項陳述比「天底下票價最便宜的廉航公司」精確、完整。畢竟「天底下票價最便宜的廉航公司」的諺語顯然並不完整——西南航空要提供廉價機票，也可以減少飛機維修的次數，或請乘客共用餐巾紙……顯然還有其他價值（旅客舒適度、安全等級）增進了西南航空的廉航核心價值。「將股東價值最大化」的問題在於，儘管精確，卻無法協助空服員決定要不要供應雞肉沙拉。所以，**精確但無用的概念，依舊是無效的。**

　　我們在前言討論過「知識的詛咒」，說明人很難想起一無所知是什麼滋味。精確到失去效用，便是「知識的詛咒」的一個症狀。對執行長來說，「將股東價值最大化」也許是極實用的行為法則，對空服員卻非如此；機率雲對物理學家來說是很迷人的現象，對孩童卻是難以理解的謎團。

　　人們會禁不住一股腦地告訴你一切，每個細節都精確無比，但他們其實應該告訴你足以產生效用的資訊就好，再一次一點地慢慢增加新資訊。

類比有力量

　　有個好方法可以避免精確到失去效用，迴避「知識的詛咒」，也就是運用類比。類比的效力是來自基模：柚子就像葡萄柚；優秀的新聞故事擁有類似倒金字塔的結構；皮膚損害就像老化。類比會召喚你早已認識的概念，協助你理解簡潔的訊息。

　　良好的類比可以發揮不小的威力。事實上，耗資十億的電影要登上好萊塢，主要也是靠一句類比的力量。

　　一般的好萊塢製片廠會從數百個提案或劇本中挑電影來拍。我們或許很難同情片廠監製的生活，但可以稍微試試看，試想他們必須做哪些驚人的決策。投資一部電影，意味著他們要為一個摸不著邊際的點子，賭上至少數百萬美元——還有自己的名聲。

　　請把電影提案拿來與住宅藍圖作對照，如果建築師的住宅藍圖做得出色，有人願意出資興建，那差不多可以說，九個月後就會有一棟實現建築師最初願景的住宅落成。

　　不過，電影提案卻注定會改變。僱用編劇來寫腳本後，故事會變；僱用導演來拍片後，電影的藝術氛圍會變；聘僱明星來扮演角色後，他們的個性也會改變我們如何看待故事中的角色；請監製來製作影片後，電影說故事的方式會受財務與運籌方面的限制。經過幾個月或幾年，電影拍攝完畢後，行銷團隊還必須設法用三十秒左右向大眾說明情節——但又不能透露太多劇情。

　　試想，你為一個點子投入數百萬美元，而這個點子經過導演、明星、監製、行銷等高高在上的大人物層層篩濾後，還會產生變化！那最好是優秀絕倫的點子。

　　在好萊塢，人們採用的核心概念稱作「高概念提案」（high-concept pitches）。你也許聽過其中一些概念：《捍衛戰警》（*Speed*）的概念是「公車版的《終極警探》（*Die Hard*）」，《三十姑娘一朵花》（*13 Going on 30*）是「女生版的《飛進未來》（*Big*）」，《異形》（*Alien*）則是「太空版的《大白鯊》（*Jaws*）」。

　　高概念提案並不總是要參考其他電影，如《E.T. 外星人》（*E.T.*）的提案是「走失的外星人和孤單的男孩結為朋友，好順利返家」。但多數提案確實會召喚過去的電影，為什麼？因為好萊塢到處都是不知羞恥地一再回收舊概念的犬儒監製？

嗯，沒錯，但那只是部分原因。在形成提案前，《捍衛戰警》的概念顯然並不在監製們的腦海裡，就像你還不知道意思之前的「柚子」。簡潔到只有八個字的「公車版的《終極警探》」，為本來不存在的《捍衛戰警》概念注入了大量意義。

為了看出這點，請思考一下單憑這八個字的力量，就能做出多少重要的決策。你會僱用動作片導演還是獨立電影導演？動作片導演。你會為這部片投入一千萬美元還是一億美元的預算？一億美元。請大明星主演還是拍群戲？大明星。要在暑假上映還是聖誕節上映？暑假。

再來看另一個例子。假設你剛獲選擔任新電影《異形》的藝術指導，你的工作是設計劇情大多會發生在其中的太空船。那艘太空船是什麼樣子？如果你對那部片一無所知，先參考前人設計過的太空船是很合理的。例如，請想想《星艦迷航記》（*Star Trek*）中冷冽、一塵不染的企業號船艙。

然後，老闆告訴你，那部電影的願景是成為「太空版的《大白鯊》」，一切就此改觀了。

《大白鯊》並不冷冽，也沒有一塵不染，理查·德雷弗斯（Richard Dreyfus）在一艘東倒西歪的破船裡走來走去，所有決策都下得很倉卒、草率，充滿了幽閉恐懼與焦慮，整個環境充滿了汗臭味。當你想到《大白鯊》是如何成功時，你對《異形》的概念也開始成形：那艘太空船必須是粗糙落後、昏暗、充滿壓迫感的，船員不會穿光潔的萊卡制服，機艙各房的照明不足，也並非一塵不染。

高概念提案是好萊塢版的核心諺語，就像大多數的諺語，高概念提案也挪用了類比的威力。那些諺語喚起早已存在的基模（如《大白鯊》的場景），大幅增進了工作人員對新電影的理解。

好提案顯然不是好電影的同義詞，如果沒有數百位才華洋溢的工作人員持續數年的奉獻，「太空版的《大白鯊》」有可能淪為一部爛片。

另一方面,不好的提案,也就是蹩腳的諺語,卻極有可能毀掉一部電影,「太空版的《親密關係》（*Terms of Endearment*）」這種提案,就沒有一個導演救得了。

電影界的環境充滿了比正常環境多四十倍的自負大人物,如果高概念提案在電影界能有這般威力,我們也應該要相信,在我們本身的環境中也會發揮同樣的威力。

迪士尼員工是劇組演員

有些類比非常實用,不僅能協助人理解概念,還能實際成為全新思維的發展平台。舉例來說,拿電腦來比擬大腦,是認知心理學家在過去五十年來產生洞見的主力,理解電腦如何運作比理解人腦如何運作容易。因此,運用各種家喻戶曉的電腦元素（如記憶體、緩衝器、處理器）來尋找人腦的類似功能,能給心理學家豐富的啟發。

好的比喻是「生成性」（generative）的,心理學家唐諾·舍恩（Donald Schon）用這個詞來描述能夠生成「新觀感、新解釋、新發明」的類比。多數簡單而具有黏性的概念,骨子裡其實是生成性類比,例如,迪士尼（Disney）把員工稱為「劇組演員」,把員工比做戲劇製作中的劇組人員,是那間公司的一貫表達:

- 劇組演員不是來面談工作,而是為角色試鏡。
- 他們在樂園裡四處走動時,就是在台上表演。
- 參訪迪士尼的人是貴賓,不是顧客。
- 工作稱作表演;制服稱作戲服。

劇場的類比對迪士尼員工來說非常實用，實用到光是讀上面幾段，你也許就預測得到劇組演員在我們未討論到的情境下會有哪些舉動。例如，你也許猜得到員工在公開場合穿著戲服時不准休息（演員不准在演出中聊天和抽菸）。你或許也猜得到，要評估清潔人員的工作表現，不是看他們把人行道掃得多乾淨。

清潔人員確實是迪士尼最訓練有素的劇組演員，因為他們在公共場合非常醒目，也顯然是迪士尼的員工，所以顧客要問遊樂設施在哪裡、哪裡有遊行、廁所在哪個方向時，他們都是明顯的目標，讓他們覺得自己的角色是在表演而不是維持整潔，是迪士尼成功的一大關鍵。「員工是劇組演員」是一個已經在迪士尼奉行五十多年的生成性類比。

請拿潛艇堡來對照迪士尼，潛艇堡也為第一線員工創造了一個類比：他們是「潛艇堡藝人」。這個類比是迪士尼「劇組演員」的邪惡雙胞胎，但員工完全無法從這個類比中獲得他們應該如何行動的指引。迪士尼期望劇組演員像演員一樣活動，但潛艇堡可不希望櫃台人員的舉手投足像藝人，「藝人」的決定性特色是要有個人表現，但如果員工在服裝、互動、潛艇堡的製作上有許多個人表現，我們會納悶他能在潛艇堡待多久。

潛艇堡的藝人無疑有責任在十二吋潛艇堡裡放洋蔥，要放幾片也確實有某種自由，但櫃台人員的「藝術表現」能不能延伸到多給幾片火雞肉上，就教人懷疑了。

簡單的威力

生成性類比與諺語的威力都是來自巧妙的代換：**以容易思考的事物來取代難懂的事物**。「一鳥在手勝過二鳥在林」的諺語給了我們一個具體、容

易消化的描述，讓我們在複雜、情緒波動大的環境中也能使用，生成性類比扮演的是類似的角色。迪士尼的「劇組演員」面對新情境時，可能會覺得與其採用他們個人的獨特觀點，從受僱演員的觀點來看事情比較容易。

　　諺語是「簡單」這條原則的聖杯。想出精簡的句子很容易，人人都做得到，不過，要想出精簡但有深意的句子，卻是難如登天。本章想說明的是，付出努力是值得的：**「找出核心」並表達成簡潔的概念，這種形式能帶來經久不衰的威力。**

第二章

意 外

依據美國聯邦航空總署的法令，空服員必須在客機起飛前進行安全說明。我們都聽過這樣的說明：出口在哪裡？萬一「艙壓突然改變」時我們要怎麼做？如何將座椅變成漂浮座墊？為什麼你不應該在盥洗室吸菸（或是觸發煙霧警報器）？

然而，飛航安全說明可能是處在非常不利的訊息環境，因為沒有人關心說明內容是什麼，空服員不關心，乘客也不關心，它還不如阻撓議事的冗長發言有意思。

如果要求你來做飛安說明呢？更慘的是，如果你確實必須讓人們聽你說話，要怎麼做呢？

一位名叫凱倫・伍德（Karen Wood）的空服員面臨了這個處境時，以創意為自己脫困了。

她在從達拉斯飛往聖地牙哥的飛機上做了如下說明：

打擾各位乘客幾分鐘，我們想為您指出幾項安全要點。如果您從一九六五年以來就沒再乘坐過汽車，繫安全帶的妥善方式是，將平坦的那一端插進安全釦。要解開安全帶時，掀起安全釦便能解開。
有一首歌是這麼說的，要離開愛人有五十種方法，但要離開飛機只有六個出口：兩個前艙門、機翼上部的兩扇可移動窗戶、兩個後艙門。每個出口上方都有鮮明標記指出其所在，走道地板兩側也有迪斯可的紅白燈光指示。
各位一定看得到！

乘客很快就被伍德逗趣的說明吸引。她宣布完畢時，機艙內掌聲四起（如果構思良好的訊息能讓人們為飛安說明鼓掌，那我們每個人都有希望辦得到）。

溝通的第一個問題是吸引別人的注意力。有些溝通者擁有可以讓人關注的權威，父母就是這類行家：「巴比，看著我！」但大多數時候，我們無法要求別人關注，而必須吸引他們注意時，這是更艱難的挑戰。人們說：「你就是抓不住別人的注意力。」這話人人都心有戚戚焉。

但稍等一下：凱倫・伍德不就做到了嗎？她引起人們的注意力，而且根本不需要提高音量。

要抓住別人的注意力，最基本的方法是：打破模式。人類對穩定不變的模式有快得不可思議的適應力，而持續的感官刺激會讓我們麻木分神：比方說空調的嗡嗡聲、車潮聲，或是蠟燭的氣味、書架的景象，只有出現變化時，我們才會注意到這些事物：比如空調關了、你的伴侶重新整理了書架。

伍德在不利訊息傳播的環境中抓住了別人的注意力，方法是避開乘客已經聽了成千上百遍的制式飛安說明，她以打趣的口吻說明，不僅引人矚目，也讓人印象深刻。但如果伍德為的只是引人注意，她也不需要說學逗唱，大可以從頭朗讀說明，然後到一半時突然中斷，或是有幾秒鐘改用俄文來說，也可以達到目的。

大腦是設計來敏銳察覺變化的，聰明的產品設計師很清楚這點。

如果產品需要用戶留意，他們就務必會讓某個細節產生變化。警示燈時明時滅是因為，如果燈一直亮著，我們就會忽略。古早的警笛會以高低兩聲的模式鳴響，但現代警笛的模式更複雜，也更能引人注意，汽車防盜器也大量利用了我們對變化的敏感反應。

本章焦點是兩個基本問題：我要如何引起人們注意？同樣關鍵的還有，我要如何保持人們的注意力？

如果我們無法穿透各種聲牆，引起別人注意，就無法成功傳遞訊息。再者，訊息通常有一定的複雜程度，如果持續吸引人們的注意力，也無法成功傳遞訊息。

要了解這兩個問題的答案,我們必須理解兩種基本情緒:驚訝與興趣,天生具有黏性的概念通常會激起這兩種情緒。

- **驚訝**會抓住我們的注意力。有些天生具有黏性的概念會提出令人驚訝的「事實」。中國長城是從外太空看地球唯一看得見的人造建物!你只用了百分之十的大腦!人一天應該喝八杯水!都市傳說往往包含著令人驚訝的情節轉折。

- **興趣**會維繫我們的注意力。有幾類具有黏性的概念能讓我們長久保持興趣。陰謀論便能讓人們如飢似渴地蒐集新資訊,而八卦也讓我們一再回到朋友身邊追蹤新發展。

天生具有黏性的概念往往是出其不意的,如果我們能讓概念更出人意表,就能產生更多黏性。但我們做得到「出人意表」嗎?「有計畫的意外」不是很矛盾的修辭嗎?

抓住人們的注意力──以前所未見的方式

新款 Enclave 迷你休旅車的電視廣告,開場是一輛 Enclave 停在公園前,一個拿足球頭盔的男孩爬進車裡,兩個妹妹跟著上車。「為您介紹全新的 Enclave。」女聲旁白說。

老爸握著方向盤,老媽坐在副駕駛座,車裡到處是杯座,老爸發動車子駛離路邊。「迷你休旅車的極致。」

迷你休旅車緩緩穿過郊區街道。「電動後滑門,一百五十個有線頻道,

全面天窗，控溫杯座，六點衛星導航系統……這是專為家庭活動設計的迷你休旅車。」

接著 Enclave 停在十字路口，鏡頭拉近拍攝男孩從側窗向外望的臉，窗面映著高大茂密的樹木……老爸在十字路口停下。

然後就出事了。

一輛快車衝向路口，從側面撞上迷你休旅車。這一下撞得不輕，車身金屬凹陷，車窗破碎。

螢幕在這時轉暗，一條訊息跟著浮出：「沒料到嗎？」

問題淡出，由另一條文字取代：「沒有人預料得到。」

在喇叭卡住鳴響的背景聲中，螢幕閃過最後這幾個字：「繫好安全帶……千萬別忘記。」

我們沒有再看見 Enclave 迷你休旅車。這支廣告是由廣告委員會製作（美國交通部贊助），從二戰期間的「口風不牢艦艇沉」到最近的「朋友不會讓朋友酒駕」，成立於一九四二年的廣告委員會歷來製作了不少成功的廣告。那支 Enclave 廣告就如同其製作的其他廣告，充分運用了讓概念產生黏性的第二個特性：意外。

那支 Enclave 廣告出人意料，是因為牴觸了我們腦海中汽車廣告的基模。我們都知道汽車廣告應該要拍得中規中矩，小貨車爬上鋪滿亂石的山丘，跑車在空蕩蕩的彎路上蜿蜒，運動休旅車載著雅痞穿過森林抵達瀑布，迷你休旅車送孩子去練足球。不會有人喪命，從來不會。

那支廣告還有第二個令人意外的地方：牴觸了我們對真實生活中在社區開車的基模。我們在社區開車不下數千次，其中絕大多數是安全無虞的，但這支廣告提醒我們，意外本質上是出乎意料的——我們應該繫好安全帶，以防萬一。

我們的基模就像猜題機，基模協助我們預測會發生什麼事，又應該據

此做出哪些決策。Enclave 的這支廣告問我們:「沒料到嗎?」沒有,我們沒料到;猜題機失靈了,我們因此大感訝異。

這支廣告巧妙地轉化情緒,協助我們面對重大情況,讓我們準備好採用不同的處理與思考方式。我們都聽過憤怒能幫我們奮戰、恐懼能幫我們逃脫的說法,不過,情緒與行為之間的連結還可以更細膩。比方說,研究者近年發現,憤怒的次要效果是會讓我們更確定自己的判斷;生氣時,我們知道自己是對的,任何一個戀愛中的人都能證明這點。

所以,假如情緒有生物學目的,驚訝的生物學目的是什麼?驚訝令我們警惕。**基模失靈時,便會觸發驚訝的情緒,讓我們了解為什麼基模失靈**,猜題機不管用時,**驚訝能抓住我們的注意力,讓我們為了日後而修正。**

驚訝眉──驚訝讓我們集中心神思考

驚訝與臉部表情有關,在各文化中皆是如此。在《心理學家的讀臉術》中,保羅‧艾克曼(Paul Ekman)與華萊士‧弗里森(Wallace Friesen)造出「驚訝眉」這個詞來描述「驚訝」這個特殊的臉部表情:「眉毛會彎得高高地⋯⋯底下的皮膚會因為挑眉而拉扯,變得比平時更醒目。」

挑眉時,我們的雙眼會放大,拓寬視域──驚訝眉是身體逼我們多看的方法。我們也可能多看兩眼,確認自己是真的看見了剛才看見的東西,相對的,憤怒的時候,我們的眼睛會瞇起來,才能專注在已知的問題上。驚訝除了讓我們挑眉,也會讓下巴落下,嘴巴張大;我們會一時目瞪口呆,身體會暫時停止活動,肌肉鬆弛,彷彿是身體想要確保我們在這時不應該說話或活動,才能吸收新資訊。

因此,驚訝是我們面對意外情況且猜題機失靈時的那個緊急手動裝置:

事情暫且停住，前一刻的活動被打斷，注意力不由自主地集中在令我們驚訝的事件上。迷你休旅車廣告以令人膽戰心驚的車禍收場時，我們會停下來納悶：發生了什麼事？

出人意料的概念比較可能產生黏性是因為，驚訝讓人集中心神思考，付出更多注意力與思考能讓意外事件烙印在腦海裡。驚訝引起我們注意，有時注意力是轉瞬即逝的，但在其他例子中，驚訝可以造成長久的關注。驚訝可以促使我們尋求最終原因，想像其他可能性，思考未來如何避免為此驚訝。

例如，陰謀論的研究者指出，多數陰謀論是在人們試圖釐清意外事件時產生，比方說青春紅顏的猝逝。甘迺迪、瑪麗蓮‧夢露（Marilyn Monroe）、貓王、科特‧柯本（Kurt Cobain）驟逝時便有陰謀論產生，九旬老翁的驟逝通常引不起陰謀論者的興趣。

驚訝讓我們想找出答案，解答「為什麼我會驚訝」這個問題，而我們愈是驚訝，想找的答案就愈重要。如果我們想引人矚目，就應該掌握讓人大吃一驚的威力。

別虛晃一招

不過，要令人大吃一驚也可能造成大問題。我們很容易越線，讓製造驚訝變成了耍花招。

一九九〇年代晚期是網際網路泡沫的巔峰，投機性新創公司為了建立品牌而投入數百萬美元做廣告。由於投入的金錢日益增加，消費者的注意力卻很有限，所以廣告就必須下更多猛藥，刺激人們驚訝，產生興趣。

二〇〇〇年超級盃期間有一支廣告，開場是大學儀隊在足球場練習。我們看見儀隊隊員精準動作的特寫，接著鏡頭切到通往運動場的體育館走

廊——就在這時，突然有十幾隻窮凶惡極的狼衝進球場，儀隊隊員驚恐地四下逃竄，狼群追逐並攻擊他們。

　　這支廣告的用意是什麼？我們沒有半點頭緒，廣告本身無疑令人驚訝，也讓人印象深刻。直到今日，我們還能想起狼群追逐驚恐的儀隊隊員時，那種白爛喜劇的畫面，但由於那種驚訝和廣告必須傳遞的訊息完全無關，這種情緒便毫無價值。另一方面，如果推銷的商品是「防撕咬的儀隊制服」，那這支廣告也許能獲獎也不一定。

　　從這個意義來說，那支狼群廣告是 Enclave 廣告的反面，兩支廣告都讓人大驚失色，但只有 Enclave 廣告才是以驚訝的情緒加強其核心訊息。我們在第一章討論過找出概念核心的重要性，運用驚訝的情緒傳遞核心訊息，效果極為有力。

讓人挑起驚訝眉？

　　以下有四個英文詞。請讀出每個字，花一秒鐘判斷是不是真正的英文。

HENSION
BARDLE
PHRAUG
TAYBL

　　依據構思這項任務的研究者布魯斯・維透希（Bruce Whittlesea）和莉莎・威廉斯（Lisa Williams）說明：「人們經常對 Phraug 和 Taybl 兩個字挑眉，發出『噢』的反應。Hension 和 Bardle 則往往讓人皺眉頭。」

Phraug 和 Taybl 讓人挑起驚訝眉是因為兩個字看起來很陌生，發音卻很耳熟。我們意會到 Phraug 是 Frog（青蛙）的逗趣拼法時，就會出現「噢」的反應。

Hension 和 Bardle 就教人困擾，兩個字怪雖怪，看起來卻很眼熟，因為是從常見詞借字母組合而成。這些字看來很像出現在學術能力測驗（SAT）的單字：新潮，我們應該聽過，只是無從辨認。但 Hension 和 Bardle 是虛構詞，意會到自己想破頭只是為了找出不存在的答案時，我們會覺得洩氣。

Hension 和 Bardle 提供的是令人驚訝但沒有什麼體悟的例子。到目前為止，我們多半是在談驚訝的威力，還有驚訝如何讓概念產生更多黏性。不過，雖然 Hension 與 Bardle 令人驚訝，卻不會產生黏性，只會讓人沮喪。我們可以從這裡發現，光是驚訝不夠的，還需要有所體悟。

要教人驚訝，事件不能太可預期。驚訝是可預測性的對立面，但要讓人心滿意足，驚訝又得要有「後期性」（post-dictable）：回頭想想，那個轉折其實是有道理的，只是你沒有預料到罷了。

Phraug 具有後期性，但 Hension 沒有。《靈異第六感》（*The Sixth Sense*）等電影或電視節目的結局是令人驚訝的，這些結局匯合的線索其實一直都在你眼前，相較之下，有些電視或電影的結局儘管你預料不到，卻只是虛晃一招（「這全是南柯一夢」）。

我們在本章開頭指出，驚訝是發生在我們的猜題機失靈的時候。出現驚訝的情緒，是為了讓我們專心思考猜題機為什麼失靈，才能為日後改善。從這裡可以看出，耍噱頭帶來的驚訝（如前述的網路廣告）和有意義、具後期性的驚訝，是有區別的。

為了達到我們的日常目的，起碼要達到這條底線：想讓概念更具黏性，就必須破壞人們的猜題機，再予以修復。但在製造驚訝，破壞人們的猜題機時，要如何避免像那支廣告中的狼，只是虛晃一招？

　　要避免虛晃一招，確保出人意表的概念帶來體悟，最簡單的方法是確實瞄準觀眾心中和你的核心概念有關的那些猜題機，我們已經看過了幾個採用這種策略的例子。

　　第一章我們討論過報社出版商胡佛・亞當斯的格言是「人名，人名，人名」。對大多數地方報紙記者來說，這條格言就像常識一樣，「優秀的當地新聞」這個基模，當然會牽涉到以社區為主的故事。

　　但那不是亞當斯的重點，他腦海裡的念頭更激進。他打破記者的基模，基本上是告訴他們說：「如果可以，我會印出電話簿裡的名字。事實上，如果手上的名字夠多，我會多僱幾位排版員，多排幾頁來放。」記者這時才突然發現，「人名，人名，人名」和他們的基模不合。他們先前的基模可能是「做得到的話，就試著突出當地觀點」，但亞當斯以「人名比一切重要，甚至比收益還重要」取代了這個基模，這訊息因為出人意料而產生威力。

　　第一章也討論過西南航空的例子，他們的箴言是「天底下票價最便宜的廉價航空」。西南航空的員工和顧客大多知道這間公司是廉價航空，在那個脈絡下，這條箴言似乎是天經地義，直到凱勒埃放進夠嗆的元素，就算顧客確實想吃雞肉沙拉，他們也拒絕提供，那條箴言的意義才真正深入人心。在凱勒埃上任以前，一般員工的猜題機可能會這樣預測：「我們想以價格低廉的方式取悅顧客。」但凱勒埃上任以後，那個猜題機進化成：「我們要成為天底下票價最便宜的廉價航空，就算故意不理會某些顧客的喜好，也在所不惜。」

　　因此，讓概念產生更多黏性的出色過程是：（1）找出你必須傳遞的核心訊息，也就是找出核心；（2）思考如何違反訊息給人的直覺反應，也就是問自己，你的核心訊息有哪些出人意料的含意？為什麼那個含意沒有自然而然出現？（3）破壞觀眾的猜題機，反直覺而行，從批判角度傳達訊息。一旦他們的猜題機失靈，再協助他們讓機器進化。

　　常識處處與具有黏性的訊息作對，訊息聽起來像常識的話，就容易一耳進一耳出。為什麼不呢？如果我已經直覺地「掌握」了你想說的話，我何必要費心記得？

　　當然，這裡的危險在於，聽起來像常識的東西往往不是常識，就像亞當斯和西南航空的例子。因此，**身為溝通者，你的任務便是揭露訊息中非常識的部分。**

諾斯壯百貨的輪胎防滑鏈

　　諾斯壯百貨（Nordstrom）是一間以客戶服務優良著稱的百貨公司。那種額外服務是有代價的：真要購物，諾斯壯的價格可不斐，但多數人還是樂意付出這個代價，原因是諾斯壯百貨讓購物變得愉悅許多。

　　諾斯壯百貨的策略要生效，就必須將其第一線員工轉化為客服狂，而這些員工進公司時可不是那樣的。有服務經驗的人，先前碰到的多半是經理致力削減人力成本的環境。

　　普遍的客服基模大概是這樣的：「讓客戶盡早上門，盡早離開，還有要保持笑容。」

　　諾斯壯百貨的應徵者多年來都是依據這個基模行事，但諾斯壯的經營哲學不同：務必讓顧客開心，就算犧牲效率也在所不惜。諾斯壯是如何打破舊基模，建立新基模的？

　　這間公司克服問題的方式，有一部分是透過出人意料的故事。吉姆‧柯林斯（Jim Collins）、傑瑞‧薄樂斯（Jerry Porras）在《基業長青》這本書中描述過諾斯壯員工出人意料的服務，他們在公司裡自稱「諾斯壯人」（Nordies）。

諾斯壯人會為顧客燙好當天下午開會要穿的新襯衫。

諾斯壯人會開心地把顧客在梅西百貨買的商品包裝成禮品。

諾斯壯人冬天時會為購物完畢的顧客暖車。

諾斯壯人會把派對禮服緊急送到心急如焚的主人手中。

諾斯壯人甚至還會給輪胎防滑鏈退費——雖然諾斯壯百貨根本沒賣防滑鏈。

　　你可以想像這些故事聽在諾斯壯百貨的新進員工耳裡有多驚人，甚至震驚。「把在梅西百貨買的東西包裝成禮品！我不懂。這對我們有什麼好處？」這些故事會打擊到客服不言而喻的假設，例如：只服務到店門口為止；不要浪費時間在不購物的人身上；上一筆交易剛結帳，就要趕緊找下一位顧客。

　　對新員工來說，替在競爭對手的店裡買的商品包裝，太荒誕不經，太超出他們既有的「服務」觀念，以至於這個故事會讓他們停下腳步。他們的猜題機當掉了，他們過去的「優良服務」猜題機絕不可能出現這種利他性質的包裝觀念，這類故事提供了把新進員工的「優良服務」基模替換成諾斯壯服務基模的第一步。

　　諾斯壯百貨便是以這種方式打破大搖大擺的常識。本來與其散布關於「諾斯壯人」的故事，諾斯壯百貨大可以直接告訴員工，他們的使命是提供「業界最佳的客戶服務」，這個聲明可能所言不虛，只是很不幸，聽起來也很像傑西潘尼（JCPenney）或西爾斯（Sears）給員工的聲明。要讓訊息產生黏性，你必須越出常識的邊界，運用「非常識」，「良好的客戶服務」是常識，在嚴冬裡為客戶暖車是非常識。

　　請注意，這些故事如果是關於 7-11 的員工，那又更出人意料——甚至離常識更遠。

「是啊，我只是去買包菸，櫃台的店員就為我燙襯衫！」這些故事的價值不是來自本身有多令人意外，而是因為諾斯壯百貨的目標與這些故事的內容完美契合。

在另一個脈絡中，這些故事同樣具有殺傷力，只是 7-11 的管理階層可不希望出現店員出現包裝禮品的熱潮。

諾斯壯百貨的故事是經典例子，展現「意外」元素的威力。這些故事不太可能只是耍噱頭，因為驚訝之後緊接著是體悟——這些故事告訴我們身為諾斯壯百貨的優良員工是什麼意思，這是一種為核心訊息服務的非常識。

重點的思考

諾拉·艾芙倫（Nora Ephron）是以《絲克伍事件》（*Silkwood*）、《當哈利碰上莎莉》（*When Harry Met Sally*）、《西雅圖夜未眠》（*Sleepless in Seattle*）等劇本榮獲奧斯卡金像獎提名的劇作家。艾芙倫的生涯是從擔任《紐約郵報》（*New York Post*）和《君子雜誌》（*Esquire*）的記者起步，她成為記者則要歸功於她的高中新聞課老師。

艾芙倫還記得第一天上新聞課的情景。雖然學生都沒有寫過新聞報導，但他們走進教室時，心裡都帶著關於記者的觀念：記者追求事實並加以報導，而追蹤事實，意味著要追蹤五個 W：何人（who）、何事（what）、何地（where）、何時（when）、何故（why）。

學生在打字機前一坐定，老師便宣布第一項作業，要他們寫一篇新聞的導言。

老師滔滔不絕地陳述事實：「比佛利山高中校長肯尼斯·彼得斯（Kenneth L. Peters）今天宣佈，該校所有教職員下週四都要到沙加緬度

（Sacramento）參加討論新教學法的學術座談會。講者包括人類學家瑪格麗特・米德（Margaret Mead）、大學校長羅伯・哈欽斯（Robert Maynard Hutchins）、加州州長「派特」艾德蒙・布朗（Edmund 'Pat' Brown）。」

這些初出茅廬的記者坐在打字機前，開始耕耘其生涯中的第一句導言。依據艾芙倫的說法，她和其他大部分學生寫出的導言，都是把事實濃縮在一個句子中：「州長派特・布朗、瑪格麗特・米德、羅伯・哈欽斯週四將在沙加緬度為比佛利山高中教職員演講……諸如此類」。

老師收集每個人的導言並匆匆看過，然後把紙張擺到一邊，停頓了一會兒。最後，他開口說：「這篇故事的導言是：『下週四不上課。』」

「那一刻教人屏息，」艾芙倫回憶，「那一刻我才明白，新聞寫作不只是關於反芻事實，更是對重點的思考。知道人、事、時、地還不夠，還必須了解意義何在，還有它為什麼重要。」

之後那一整年的每項作業，都包含著一個祕密——隱含著學生要寫出好故事就必須先想通的要點。

這個概念真該進入黏性概念的名人堂。這位老師對她影響深遠，不只是因為他是生動的講者或苦口婆心的良師，雖然他可能兩者皆是，但重要的是，他提出了一個精彩的概念，這個概念在幾秒之內，就改寫了學生腦海裡關於新聞寫作的基模。這個概念改變了一個學生的生涯規劃，直到三十年後她仍牢記在心。

這個概念是憑哪一點起作用？

首先，這位老師知道學生腦海裡的新聞寫作基模是有缺陷的，他也知道缺陷在哪裡。其次，他以「寫導言」的作業，讓他們公開效法那種有缺陷的範本。接著，他透過精心引發的驚訝情緒，把他們腳下的紅毯一把扯掉……揭露真正的導言「下週四不上課」時，他抓住了他們腦海裡的範本，迅速一踢，讓它運作得更有效率。

美國是否為外援付出太多？

情況 多年來，民調顯示大多數美國人認為，聯邦政府為援助國外付出太多。九一一後這個比率降至百分之五十，但仍有半數美國人認為政府外援過多。我們來看看兩種試圖說服人們美國的外援其實太少而非太多的論點。

訊息一 天主教促進團體「社區間和平與正義中心」（Intercommunity Peace and Justice Center）的訊息如下：

儘管國務院和其他政府機關誠心告知事實，美國民眾仍一心認定我們為外援付出太多。就算布希總統提議增加外援，也頗獲贊同，但美國的外援支出仍不算慷慨。在二〇〇三會計年度，布希政府將進行一百五十億美元左右的外援，但其中七十億美元（將近一半）是軍事援助，不是經濟援助。依據國會預算辦公室的估計，其餘的八十億經濟外援金額，也低於和伊拉克打仗一個月的支出。在所有工業化國家中，美國外援支出的比率最低，而且多年來皆是如此。撒哈拉以南的非洲國家總共只能收到差不多十億美元的經濟援助，大約是一架 B-2 轟炸機的價格。我們相信美國是以在全球各地行善著稱的國家，但我們的外援計畫並不支持這個信仰。

分析一 首先，請注意導言已經被埋沒了。最後一句才是最有效的論點。美國人對美國的基模是，這是個慷慨、有愛心的國家：「以在全球各地行善著稱。」要打破這個基模，就要揭露赤裸裸的事實：

案 例 分 析

美國「外援支出的比率最低，而且多年來皆是如此」。幾十億美元的數字，不可能在人們腦海裡留下深刻印象——我們很難掌握和記得龐大的數字。不過，相對於這種「大數字的問題」，這條訊息的一個有效的部分是，它也將我們給撒哈拉以南的非洲國家的援助，拿來與一架 B-2 轟炸機的支出相比。

我們衷心欣賞這種比較，因為這能讓讀者進入決策模式：「我會把一架 B-2 轟炸機的價錢，拿來換取加倍支援撒哈拉以南的非洲國家的機會嗎？」

要讓這條訊息的黏性更足，我們來試試兩種做法。首先，直接重新組合這些絕佳的現成材料，也不去提幾十億的數字。其次，選用具體的比較來激發情感共鳴。有些人可能會認為 B-2 轟炸機的支出是合理的，我們不妨試試能不能拿擺明是浪費的事做出更令人意外的比較。

訊息二 我們相信美國是以在全球各地行善著稱的國家，但我們的外援計畫並不支持這個信仰。大眾相信我們用來協助他國的援助金額，遠遠超過實際金額。民調顯示，大多數美國人認為，聯邦政府有百分之十到十五的預算是花在外援上。事實是，我們的外援支出少於百分之一，是所有工業化國家中最低的。

撒哈拉以南的非洲國家總共只收到相當於十億美元的經濟援助。如果每個美國人每個月少喝一杯軟性飲料，給非洲的現行援助金額便能加倍。如果每個美國人每年少看一部電影，給非洲和亞洲的現行援助金額就能雙雙加倍。

分 析 二 我們在這裡的目的是增加訊息的黏性：首先是建立讀者的興趣，迅速直接地打破「慷慨的美國」這個基模。我們也把焦點轉移到比例上，比幾十億的數字容易理解。其次，我們試著以軟性飲料和電影來取代 B-2 轟炸機，讓比較更具體。軟性飲料和電影是比較實際的事物——真有人會對 B-2 轟炸機的花費或其價值產生「痛心」的感受嗎？軟性飲料和電影因為是微小的花費，比較能與非洲緊急的人道需求現況形成情感對照。

記分

清單	訊息一	訊息二
簡單	-	√
意外	√ （B-2 的比較）	√√ （介紹與比較）
具體	√	√
可信	√	√
情感	-	√
故事	-	-

關 鍵 要 點 要抓住人們的注意力，最好的方法是直接打破他們現有的基模。

保持人們的注意力——土星環的祕密

本章開頭提出了兩個問題：我們要如何激起人們的注意力？又要如何

讓其注意力保持不墜？到目前為止，我們出人意料的概念大多是就範本進行相對簡單、迅速的調整。效果可能很深刻，就像艾芙倫的新聞課老師一樣，但因為發生得很快，所以只需要在短時間激起人的注意力即可。但有時我們的訊息更加複雜，要如何讓人對更複雜的訊息保持注意力？要如何持續吸引人關注？

幾年前，亞利桑那州立大學社會心理學家羅伯特・席爾迪尼（Robert Cialdini）開始改善他在書裡和課堂上討論科學的方式。他到圖書館尋找靈感，找出科學家為外行讀者撰寫的每本書籍，把喜歡的段落影印下來，然後開始翻閱這一堆堆影印資料，尋找其中的共同點。

在無趣的段落中，他找到了不出自己所料的缺陷：那些段落的目的不明，措辭太正式，術語也太多。他也從寫得好的段落發現了許多意料中的優點：結構清晰，舉例生動，文筆流暢。「但是，」席爾迪尼說，「我也發現了沒料到的事──最成功的那幾篇文章，都有一個懸疑故事的開場。作者描述似乎沒什麼道理的事態，然後邀請讀者進入其中，解開那個謎團。」

他印象很深的是一位天文學家的例子，那位作者的開場白是一道謎題：

> 我們要如何為可能是太陽系中最壯觀的行星特徵，也就是土星環，提出解釋？沒有一樣事物可以與之比擬。土星環究竟是什麼組成的？

接著，他加深了這團謎霧，進一步問：「為什麼三組國際知名的科學家團隊對同一個問題有三種完全不同的答案？」其中一組是劍橋大學的科學家，他們宣稱土星環是氣體；麻省理工學院的另一組科學家相信，土星環是塵粒組成的；至於第三組，也就是加州理工學院的科學家，則堅稱土星環的成分是冰晶。這怎麼可能？每個團隊關注的不是同一件事物嗎？那麼，答案到底是什麼？

答案揭曉的過程，就和懸疑小說的情節一樣。科學家團隊追尋著很有指望的前景，走進死胡同，再追蹤其他線索。歷經幾個月的努力，最後終於有了突破。席爾迪尼說：「你知道讀了二十頁以後，答案究竟是什麼嗎？塵埃。塵埃，更正確地說，是被冰覆蓋的塵埃，所以才會造成某些科學家的混淆。好吧，我其實對塵埃沒興趣，土星環的成分和我的生活也完全不相干，但那位作者讓我像速讀一樣翻閱了二十頁。」

謎團是很有威力的，席爾迪尼說，**因為創造出了解謎的需求。**「你們都聽過著名的『啊哈！』那種恍然大悟的經驗吧？」他說，「先來『咦？』的經驗，再來那種『啊哈！』的經驗，會讓你更心滿意足。」

那位天文學家作者製造的懸疑，讓塵埃也變得有趣。他維持人們的注意力，不只讓他們一直讀到答案揭曉，還讀完了充滿科學理論與實驗的那二十頁資訊。

於是，席爾迪尼也開始在課堂上製造懸疑，這種方法的威力很快便清楚顯現。他會在課堂一開始介紹謎團，課堂中一再返回，最後再揭曉答案。不過有一堂課，他還來不及揭曉答案，下課鐘就響了。他說：「正常情況下，下課前五到十分鐘，有些學生就會開始收拾書包準備離開，你知道那些信號的：收好鉛筆，闔上筆記本，拉上背包拉鍊。」但這次，全班都靜悄悄的。「下課鐘響了，但沒有人動。事實上，我打算不揭露謎底就下課，但他們大聲抗議。」他說，那讓他以為自己做出了不得了的發現。

席爾迪尼相信，教學時製造懸疑的一大好處是：「解謎的過程和科學的過程出奇相近。」因此，懸疑不僅能讓老師提升學生對當天教材的興趣，還能訓練他們像科學家一樣思考。

科學並沒有霸占著謎團，只要是沒有清楚答案的問題，就存在著謎團。為什麼貓熊很難在動物園繁殖？為什麼顧客不喜歡我們的新產品？教孩子懂分數最好的辦法是什麼？

請注意這裡發生的轉折：我們現在已經讓「意外」元素更上一層樓了。在諾斯壯百貨的例子中，諾斯壯人的故事有一種當頭棒喝的立即性：諾斯壯人會幫顧客暖車！你一聽到這則故事，過去關於客服的基模就會浮上腦海，遭到反駁後，在很短的時間內便會精進。懸疑的作用不同，懸疑不是誕生於令人意外的某一刻，而是誕生於令人意外的旅程中，我們知道自己的目的是解開謎團，但不知道自己要走哪條路。

違反基模是一次性的交易，砰的一聲，事情就改變了。如果有人告訴我們，土星環是烘乾機中的棉絮組成的，那就違反了基模，我們可以稱之為「第一級」意外，但真正的「土星環謎團」幅度更廣、更細膩。我們得知科學家不清楚土星環的成分，也在謎團驅使下，獲邀踏上結局難料的旅途，那是第二級意外。於是，我們便從瞬間的驚訝，演變成了持久的興趣。

好萊塢劇本的奇招

在《你整我，我整你》（Trading Places）這部電影開演不久，裝作缺腿的乞丐比利・雷・華倫泰（Billy Ray Valentine，艾迪・墨菲〔Eddie Murphy〕飾演）在公園用類似滑板的工具四處滑行，他向路人乞討，還搭訕一位有吸引力的女子。接著幾位警察上前來，他們一把拉他起來時，他超級健全的雙腿才露了出來。華倫泰是個騙子。

隨後，杜克兄弟（兩個年長的生意人）插手救華倫泰出獄，並說服警方讓他們成為他的監護人。幾個場景後，華倫泰再度出現，這回他穿著三件式西裝，走進木板鑲嵌的辦公室，杜克兄弟已經讓他脫胎換骨，成了一位交易經理人。

劇作大師羅伯特・麥基（Robert McKee）用這個例子說明「轉捩點」

（turning point）的概念。麥基很懂得抓住觀眾的注意力，他開在大禮堂的劇作研討會擠滿了志向遠大的劇作家，他們每個人花了五百美元來這裡聽他賜教。《村聲》（Village Voice）描述他的課：「不僅對作家來說幾乎不可或缺，對演員、導演、評論家、普通影迷來說，也是非上不可。」他的學生是《山街藍調》（E.R., Hill Street Blues）、《X 檔案》（The X-Files）等電視節目，《紫色姊妹花》（The Color Purple）、《阿甘正傳》（Forrest Gump）、《十三號星期五》（Friday the 13th）等電影的劇作家、導演，製作人。

麥基表示：「**好奇心是一種想找出問題的答案、將開放模式封閉起來的知識需求。**故事便是因應這種普遍的欲望而生，故事反其道而行，提出問題，開放情境。」在《你整我，我整你》中，比利·雷和杜克兄弟帶來的轉捩點激起了觀眾的好奇心，混街頭出身的騙子華倫泰變成經理人後會有什麼遭遇？

麥基的觀點是，優秀的劇本設計，會把每一幕都變成轉捩點。「每個轉捩點都能吊人胃口，引人好奇。觀眾會納悶：接下來會發生什麼事？結果會如何？答案會到最後一幕的高潮才揭曉，於是他們就在好奇心驅使下看完全片。」麥基指出，「結果會如何」這個問題的威力便足以讓我們盯著螢幕，就算我們對答案心知肚明。「就像你看過的所有那些爛電影，你一直坐到最後，只為了甩掉那個煩人問題的答案。」

接下來會發生什麼事？結果會如何？我們想回答這些問題，那股欲望支撐著我們的興趣，讓我們繼續看完爛電影——也可能讓我們繼續讀完長篇大論的科學文章，麥基和席爾迪尼為非常不同的問題提出了相近的答案。

不過，人們懷有狂熱興趣的一些其他領域，卻沒有這種懸疑感。孩子們執意記住寶可夢的每隻怪獸及其特性也是有動機的，但不足：「接下來會發生什麼事？」車迷拜讀每期《名車志》（Car & Driver）也不是為了解

謎。我們接下來會發現，寶可夢的粉絲和車迷，和電影觀眾及聽課聽得入迷的學生之間，是有共同點的。

　　心理學家研究了這個問題數十年：是什麼讓人產生興趣？研究「興趣」的聖杯是找出方法來描述興趣是從哪些情境產生。換句話說，能激發並提升興趣的情境特點是什麼？是什麼讓情境變得有趣？研究的結果發現，席爾迪尼和麥基非常接近答案。

好奇心的「知溝理論」

　　一九九四年，卡內基美隆大學（Carnegie Mellon University）行為經濟學家喬治・洛溫斯坦（George Loewenstein）對情境興趣（situational interest）提出了最全面的描述。事情簡單得出奇。他說，我們覺得自己有知識鴻溝（knowledge gap）（亦稱：知溝）時，便會產生好奇心。

　　洛溫斯坦主張，知溝教人痛苦。我們想知道某件事卻不得而知的時候，就像搔不到癢處，要去除那種痛苦，就必須填滿知溝。就算難受，我們還是會耐心看完整部爛片，因為不知道結局更教人難受。

　　興趣的「知溝理論」似乎能解釋為什麼有些領域能引人瘋狂追逐：因為這些領域自然而然地製造了知溝。舉電影為例，麥基的說法和洛溫斯坦相近。麥基說：「故事是透過提出問題、打開情境來起作用的。」電影引領我們去問：接下來會發生什麼事？懸疑小說引發我們去問：是誰幹的？運動競賽引導我們去問：誰會贏？填字遊戲讓我們好奇去問：「精神科醫師」可以用哪六個字母來表示？寶可夢卡片讓孩子想知道：我還少了哪隻怪獸的卡片？

　　知溝理論的一個重要涵義是，要先打開知溝，再去填滿知溝，我們有

告知人事實的傾向。不過，我們必須先讓他明白，他需要知道這些事實。依據洛溫斯坦的說法，**要讓人相信他需要我們的訊息，訣竅是先突顯他缺乏某樣知識**。我們可以提出問題或謎題來讓他面臨自己知識的溝壑，可以向他指出別人知道某件他不知道的事，可以呈現結果尚不明朗的情境，例如選舉、運動賽事、謎團等，也可以慫恿他預測結果（這樣會產生兩個知溝：會發生什麼事？我說對了嗎？）

　　舉例來說，大多數的地方新聞節目會在下一節播出之前，先來一段前導廣告（teaser ad），預示當晚的首要重點，通常是以誇張得令人發噱的語氣來說：「有一種藥正風行於青少年圈——也許你家的藥箱就有這種藥！」「哪間著名本地餐廳才剛登上頭條——因為冰淇淋機裡出現髒東西？」「有一種無形的化學物質已出現在你家——也許此刻正在一點一滴地啃噬你！」

　　這些是危言聳聽式的知溝理論範例，這種方法奏效是因為以你不知道的事來吊你胃口——事實上，在你發現自己不知道之前，根本半點也不關心。「我女兒是不是對我以前的處方藥上癮了？」「真不知道我是不是在那間發現髒東西的餐廳吃過飯？」

　　只要來一點新聞前導廣告的做法，就能讓你傳達的訊息有趣得多，以下的案例分析就是一例。

案例分析

募款計畫的內部報告

情況 假設你在一家本地劇團擔任募款經理，你的工作是向人們募款給劇團。時值年末，你正準備做一份摘要報告給劇團董事會。

案例分析

訊 息 一 （以下兩則訊息都是本書模擬）

今年我們尋求支援的對象是三十五歲以下的劇場觀眾，我們的目標是提升年輕觀眾的捐款，我們的觀眾群向來有一大半是年輕觀眾，不是我們目前的捐款人。為了接觸他們，我們進行電話募款計畫。

計畫在進行六個月後，回應率已達到將近百分之二十，我們認為很成功。

分 析 一 這個訊息是典型的摘要式報告，就只是把已知的事實有條有理、一五一十地説給你聽。這是安全的報告模式，但完全沒有任何的黏性。

為了增進這段訊息的傳遞，我們必須思考如何引起對方的興趣，而不只是餵他們事實資訊。來試試新聞前導廣告那種使用破折號的手法吧。

訊 息 二 今年我們提出一個問題：我們的觀眾裡有四成是三十五歲以下的人，但為什麼他們的捐款卻只占全部捐款的一成？

我們的理論是，他們並不了解我們有多仰賴慈善捐款來支持營運，所以我們決定致電給他們，向他們簡單描述我們的業務和即將展開的節目。我們認為測試六個月後，有百分之十的回應率便算成功。

在我告訴各位細節之前，請容我先向您報告，我們是如何設計這項計畫。

案 例 分 析

分析二 這個方法受到知溝理論的啟發，目的不是提供摘要，而是先引起你的關注，讓你想知道某件事，再告訴你，你想知道的事實是什麼。就像土星環的謎團，開場先提出一個謎團：為什麼年輕人不多捐款一點？然後提出理論和測試理論的方法，這個謎團會引起觀眾注意，他們會想知道發生了什麼事，理論究竟正不正確。

這裡修正的主要是結構，不是內容。坦白說，這不是一個特別有意思的謎團，絕對不會成為《法網遊龍》（Law & Order）的一集題材。但提到謎團，我們的心胸出奇寬大──這種結構具有渾然天成的吸引力。

記分

清單	訊息一	訊息二
簡單	-	-
意外	-	√
具體	-	-
可信	√	√
情感	-	-
故事	-	-

關鍵要點 要讓人們持續保持興趣，我們可以充分運用好奇心的知溝理論。一點謎團便大有可為。

　　新聞前導廣告的方法可以用在各種脈絡，推動各種概念。要更有效地傳達訊息，我們必須將思維從：「我要傳達什麼資訊？」轉變成：「我希望觀眾提出哪些問題？」

戰勝過度自信

知溝理論的效用取決於我們有沒有能力指出哪些是人們不知道的事，複雜的地方在於，人們傾向認為自己所知豐富。研究顯示，我們對自己所知多少總是自信滿滿。

在一份研究中，研究者請學生思考其大學校園車位嚴重不足的問題。參與者有充分時間盡量考慮各種解決方案，最後參與者總共想出了三百個方案，分為七大類。其中一類建議降低對車位的需求（如提高停車費），另一類建議更有效地規劃車位（如劃出「僅供小型轎車使用」的停車格）。

一般參與者提出專家眼中最佳方案的比例，不超過百分之三十，這是可以理解的；任何人都沒辦法提出一整個資料庫的方案。然而，請每個人評估自己的成績時，人人都預估自己提出了百分之七十五的最佳方案，他們認為自己掌握了大多數的情況，但事實上卻是錯過不少。

如果人人都相信自己無所不知，知溝理論就很難起作用，所幸我們也有戰勝自負的策略。舉例來說，諾拉·艾芙倫的新聞課老師防止學生過度自信的方法，就是讓其新聞寫作的基模失靈，他先讓他們依照先入為主的概念下筆，再從他們腳下全盤推翻那個概念。

讓人跟著自己預期的答案走，可以避免他們過度自信。哈佛大學物理學教師艾瑞克·馬左（Eric Mazur）便提出名為「概念測試」（concept testing）的創新教學法。馬左不時會在課堂上提出概念問題，要學生公開投票選出答案，選答案這個動作儘管簡單，卻能讓學生更投入，對結果是什麼更好奇。

過度自信的人意會到別人並不贊同他們時，就比較可能發現知溝。

南西·羅睿（Nancy Lowry）與大衛·強生（David Johnson）曾研究在教學環境下請小學五年級和六年級學生就一個題目交流時的情形。第一組的

討論經過引導，最後學生達到共識；第二組的討論則傾向讓學生對正確答案產生歧見。

很快達成共識的學生對題目是什麼比較不感興趣，他們不太鑽研細節，也比較不會到圖書館查閱額外資訊。不過，老師播放一部關於那個討論題目的影片（而且是在下課時間播放！）時，最顯著的不同出現了：達成共識的學生們，只有百分之十八的人不下課，留下來看影片，但意見相左的那組學生，卻有百分之四十五的人留下來看影片。填滿知溝、找出正確答案的渴望，可以超過玩溜滑梯和攀爬架的渴望。

從知識開始的溝壑

如果好奇心是從知溝開始，可以假定知識增加以後，好奇心就會降低，因為知溝已經減少了。但洛溫斯坦的論點卻是相反，他說，我們一旦獲得資訊，就更可能用心鑽研自己不知道的事物。

知道五十個州當中十七個州府所在地的人，可能會對自己的所知很自豪，但知道四十七個州府所在地的人，卻更可能在意自己竟不知道其餘三個州府在哪裡。

有些主題自然而然會突顯我們的知溝。人性的故事引人入勝，是因為我們知道身為人是怎麼一回事——只是我們不知道擁有某些戲劇性的經驗是什麼感覺：贏得奧運獎牌是什麼感覺？中樂透是什麼感覺？身為連體雙胞胎是什麼感覺（泰國雙胞胎恩和昌不僅各自結了婚，還生了十個孩子……這裡又引發了好幾串不同問題）？

人們愛講閒話，是因為我們熟識某些人，但缺少了某些資訊；我們就不太會講點頭之交的閒話。名人的八卦尤其讓人心癢，我們知道老虎伍茲

（Tiger Woods）和茱莉亞‧羅伯茲（Julia Roberts）是誰，但我們渴望知道
自己不知道的那些部分——怪癖、羅曼史、私德等。

　　好奇心來自知溝，但假如一開始可以運用的知識不多怎麼辦？一九六
〇年代，龍頭電視網 ABC 簽約轉播美式足球賽（NCAA），大學運動競賽
向來是小眾主題，除了一小撮死忠運動迷之外，大多數粉絲通常只關心自己
學校的校隊。但 ABC 每週在每個地區只能轉播幾場比賽，ABC 要回本，就
要讓觀眾更關心非自家校隊的比賽。

　　要如何讓德州大學城的觀眾關心密西根州對俄亥俄州的比賽？二十九
歲的魯恩‧阿利奇（Roone Arledge）本來的主要職責是派人去採訪棒球、
拳擊、足球賽，為了這次轉播，他寫了一份提案，建議團隊要如何改善大學
足球賽的報導方式。

　　阿利奇看見了可以大幅改善的空間，體育記者典型的做法是把攝影機
對準球場，等事情在眼前發生，他們忽略其他一切細節——球迷、現場的色
彩和人潮盛況。「就像只從門口貓眼往外望大峽谷。」阿利奇說。

　　一個週六下午，耽擱了一早上後，他坐下來打出給老闆的提案：

到目前為止，電視已經出色地將賽事帶給觀眾——現在是把觀眾帶進
賽事的時候了！

在開場拍攝廣告牌後，與其循慣例平移拍攝球場，可以預先拍攝校園
和體育場，讓觀眾熟悉場地。他必須知道他是在看俄亥俄州的哥倫比
亞（Columbia），那裡的人很瘋美式足球；或是在人數不多但滿腔熱
血的奧勒岡州科瓦利斯（Corvallis）群眾當中。

他必須知道周圍的鄉間和校園是什麼樣子，有多少人和他一起看這場
球賽，這兒的人是穿著什麼服裝去看美式足球賽，這場比賽對兩方學
校又有什麼意義存在。

他的提案足足寫了三頁，討論到拍攝角度、衝擊性鏡頭、開場影像等。不過，整份提案的核心是，要找出新方法來引起觀眾注意，讓他們對本來不太關心的這場奧勒岡州科瓦利斯校園賽產生興趣。阿利奇說，訣竅是給觀眾足夠的環境知識，讓他們更了解這場比賽，他們才會開始關注。

ABC 的其他人對阿利奇的提案躍躍欲試。兩天後，他們要求這位二十九歲、資歷淺薄的年輕人，以他在提案中的方針來製播一集大學美式足球賽節目。

阿利奇本能運用了洛溫斯坦的知溝理論。你要如何引起人們對一個題目的興趣，為他們指出其知識的溝壑？但萬一他們對喬治亞大學的鬥牛犬隊一無所知，那道溝壑簡直可以說是深淵呢？在那種情況下，你就必須提供足夠的知識，讓深淵縮小成溝壑。阿利奇設定場景，拍攝當地球迷，再平移拍攝校園，他突顯了雙方球隊的情緒、敵對的狀態、兩隊的歷史。等球賽開始時，有些觀眾已經開始關心誰贏了，其他人也屏氣凝神地觀看。

阿利奇的下一個任務是接管後來更名為《體育大世界》（Wide World of Sports）的系列節目。那個節目為美國人介紹他們從未見過的各種體育賽事：環法自由車賽、利曼汽車耐力賽、牛仔騎馬競技賽、滑雪賽、足球賽。報導這些比賽時，阿利奇運用他率先為 NCAA 提出的相同哲學：建立環境知識，給人足夠的背景資訊，他們才會開始關注自己的知溝。哪輛車會在艱辛的利曼二十四小時耐力賽中熄火？那位老師化身成的牛仔會贏得冠軍嗎？黃牌到底是什麼？

阿利奇在二○○二年過世，他在職涯中先後成為 ABC 運動部主管和新聞部主管，開設了《體育大世界》、《週一足球夜》（Monday Night Football）、《20/20》、《夜線》（Nightline）等節目，一共獲得三十六座艾美獎，他為 NCAA 足球提出的那套工具禁得起時間考驗。要引起觀眾關注，就要提供環境資訊，今日這點似乎再明顯不過，因為這些技巧已經變得

無所不在了，但這股呈現環境資訊的浪潮，卻是來自一位二十九歲年輕人為了讓大學足球賽更有趣而寫的提案。

多數老師會應用阿利奇的那套工具來激發學生的興趣，有人給那套策略定了一個標籤，叫做「前導組織」（advanced organizer）。這裡的概念是，要讓學生對新題目產生興趣，應該先從他們已知的事物來強調，例如，地球科學教師可以請學生帶照片來顯示地震造成的破壞，再引導他們討論板塊構造。也可以按照阿利奇的做法，先建立環境資訊，引起學生的興趣。化學教師可以先討論德米特里·門得列夫（Dmitri Mendeleyev）和他組構化學元素的那段漫長、充滿熱情的追尋之旅，再來教元素週期表，這樣元素週期表的出現便有了某種偵探小說的脈絡。

知溝能創造興趣。但為了證明知溝存在，也許要先突顯某些知識。「你知道的是這些，但那些你還不知道。」另一種方法是，你可以先建立環境資訊，引起觀眾對後續發展的關注。懸疑小說家和填字遊戲作者給我們線索不是意外，我們如果覺得自己快解開謎底，好奇心便會勝過一切，促使我們堅持到最後。

電影中的藏寶圖都是含糊不清的，只顯示幾個關鍵地標，再用 X 號標出寶藏的掩埋地點。通常冒險者知道的資訊只夠到達第一個地標，成為其尋寶長征的第一步。如果藏寶圖是以地圖網站 MapQuest.com 建構，附有依照門號顯示的指示，就不會有冒險類型片了。按部就班地給資訊是有效的——不要一股腦地把資訊統統倒在對方頭上，而是要先給一條線索，再給下一條線索，依次給予。用這種方法傳播比較接近調情，而不是教課。

出人意料的概念會吊人胃口，逗得你心裡發癢，從而打開你的知溝。這些概念會在你必須發現的事物上標出一個大大的紅色 X 標記，但未必會告訴你要如何前往。以下我們會讀到一個巨大無比的 X 標記，最終也可能驅使數千個人往前走，堅持了好幾年。

「把人送上月球」與可攜式收音機

二戰後，一間年輕的公司從東京的瓦礫中成立，奮力維持營運，這間公司就是日後的索尼（Sony），索尼吸引了一群聰明的科學家與工程師，但它的第一個創舉卻失敗了：一台電鍋。索尼一開始是靠修理短波收音機撐住營收。

大概也是在這個時候，索尼的首席技術專家井深大開始著迷於貝爾實驗室（Bell Laboratories）的團隊近來發明的電晶體。井深大渴望有「實質的」計畫來激勵他囊括五十位科學家及工程師的團隊，而電晶體在他眼裡便有一片大好前景。但他爭取貝爾實驗室授權許可這項技術時，日本經濟產業省卻因為懷疑這間年輕公司處理不來這項尖端技術，而拒絕了他的申請。

一九五三年，井深大終於獲得申請電晶體授權的許可，他的願景是開發以電晶體為基礎的收音機。對工程師來說，電晶體收音機的好處顯而易見，可以讓收音機脫離大型真空管，才不會那麼笨重又不可靠。貝爾實驗室告訴井深大，他們認為「電晶體收音機」並不可行，但無論如何，工程師們還是開始朝這個願景邁進。

我們暫停一會兒，站在井深大的角度想想。你的公司正在起步，而你有一群傑出的人才在手上，需要你啟發他們，你可以用一百種不同方向來引導他們——電鍋也好，收音機也好，電話也好，或是研發部能想到任何一種產品都好，但你始終相信電晶體收音機是最有前途的一條路。

因此，你的核心訊息是電晶體收音機的夢想，你要如何讓這個訊息出人意料？要如何引起團隊的好奇心與興趣？「電晶體收音機」這個概念本身可能還不足以激勵你的團隊，因為其焦點是在科技，不是商業價值，開發出電晶體收音機——那又如何？

套用最經典的經營主題如何？競爭：「索尼會成功開發電晶體收音機，

打敗貝爾實驗室。」還是品質:「索尼會成為世上最受景仰的收音機製造商。」或是創新:「索尼會創造出世上最先進的收音機。」

井深大為團隊提出的概念是「可攜式收音機」。

我們很難了解這個概念在當時有多不可一世──完全出人意料,荒誕不經,可能是索尼工程師頭一次聽到的概念。收音機不是放得進口袋的東西,那可是家具,當時的收音機工廠僱用的是全職的家具製作工匠。

再說,連貝爾實驗室的頂尖人才都覺得不可能做到了,一間日本新創公司竟妄想完成這等創舉,根本是癡人說夢。畢竟在一九五〇年代,「日本製造」還是劣質製作的代名詞。

但索尼的工程師才華洋溢也渴望表現。井深大「可攜式收音機」的概念在公司內部發酵,驅使索尼走過不可思議的成長階段,到一九五七年,索尼的員工數已經成長到一千兩百位。一九五七年三月,好不容易獲得電晶體的授權才四年,索尼就發表了 TR-55,世上第一台可攜式電晶體收音機,TR-55 賣出了一百五十萬台,讓索尼站上了世界舞台。

「可攜式收音機」不就只是一個優秀的產品概念嗎?怎麼說是一個出色的「具有黏性的概念」呢?不對,其實兩者皆是,而且兩種元素缺一不可。就算井深大最後決定開發出世上最炫的電鍋,世上還是會有人發明電晶體收音機,這點毋庸置疑,電晶體收音機是科技進展必經的一條路。但第一台電晶體收音機其實根本放不進口袋,如果沒有井深大出人意料的概念,他的工程師很可能老早就停止追尋這種技術,不會堅持到開發出小到能帶著走的收音機來。井深大能啟發他們多年來的方向,是因為他提出了一個出人意料的概念,激發出數百位工程師的最佳表現。

一九六一年五月,約翰‧甘迺迪在國會的特別會議中發表演講,那是冷戰主導全球政治的時期。冷戰大幅縮減了衡量成功的尺度,讓人難以分出高下,但美國卻在一個非常醒目的領域明顯落後:太空。

美國向來自詡是世上科技最先進的國家，但四年前蘇聯發射世上第一個人造衛星史普尼克號（Sputnik），震驚了美國。最後美國也以發射自己的衛星來回應，但蘇聯依舊拔得頭籌，遙遙領先美國。一九六一年四月，蘇聯宇航員尤里・加加林（Yuri Gagarin）成為進入太空的第一個人類，美國太空人艾倫・雪帕德（Alan Shepard）在一個月後隨之登上太空。

甘迺迪在國會演講中勾勒出一連串要求，協助美國維持其在冷戰期間的領先地位。他請國會批准經費，以達到一系列的策略目標：建立在國際上發展的援助計畫、拓展北大西洋公約組織的聯盟國、在拉丁美洲及東南亞成立廣播電台與電視台、支持民間防衛組織。

但演講到最後，甘迺迪話鋒一轉。他最後的提議無關國際支援或民間防衛，而是：「我相信我國應該致力達到這項目標，也就是在這十年落幕以前，我們要把人送上月球，再安全地送回來……如果我們秉持這個見識，那登上月球的便不只一人，而是全國人民，因為我們所有人都必須努力讓他登上月球。」

前述兩個概念都很出人意料，令人驚奇不已。收音機是家具，不是可以放進口袋的玩意；人不能在月球漫步，因為旅途太遠，空氣也太稀薄。

兩個概念都帶來洞見，不是為我們提出一條要長久耕耘才能抵達下一步的漫長之路，而是提出突如其來的、戲劇性的一瞥，讓人窺見世界可能展現的樣貌。它們不只是告訴我們要如何達到，還告訴了我們原因何在。

兩個概念都創造了知溝，知溝理論的作者洛溫斯坦說，重點是要記得，知溝教人難受。「如果人們喜歡好奇心，那何必努力解開謎團？」他問道，「他們怎麼不在讀到最後一章前闔上懸疑小說，或是在比數相當的球賽來到最後一局前關掉電視？」

兩個出人意料的概念都設下了龐大的知溝──但也沒有大到似乎克服不了。甘迺迪並不是提出要「人類登上水星」，井深大也不是提出要開發

「植入式收音機」，兩個目標都很大膽，而且都非常有挑戰性，但不至於令人嚇到不敢動彈。聽過「人類登上月球」這場演講的工程師，一定會馬上開始動腦筋：「嗯，首先我們必須解決這個問題，然後必須開發這種技術，接著……」

可攜式收音機的願景支持一間公司度過了微妙的成長期，領導其躍升為國際認可的科技玩家；人類漫步月球的願景也支持了數萬名不同的個人，在數十個不同的組織中走過將近十年。這兩個例子都是偉大、有力、充滿黏性的概念。

我們質疑自己有沒有能力抓住或保持他人的注意力時，都應該想想甘迺迪和井深大給我們的啟示；艾芙倫的新聞課老師和諾斯壯百貨的經理，則提供了規模較小的例子。服務於核心原則的「意外」元素，可以發揮驚人的長遠影響。

具　體

一個炎熱的夏日，狐狸在果林蹓躂，見到高掛在葡萄藤上的一串葡萄
已經熟了。「剛好可以解渴。」他說。他退後幾步助跑，跳起來抓葡
萄，但搆不著。回頭再來一次，這次跑得更快，跳得更高，但還是失
敗。他跳了一次又一次，最後筋疲力竭，只好放棄。離開時他抬起鼻
子聞了聞說：「我確定那串葡萄是酸的。」嫌棄得不到的事物是很容
易的。

上面的故事是伊索寓言〈狐狸與葡萄〉，依據希臘歷史學家希羅多德
（Herodotus）的說法，伊索寫這則寓言時還是奴隸（不過後來獲釋）。伊
索寓言是世上最具黏性的故事之一。我們都聽過他最膾炙人口的寓言：〈龜
兔賽跑〉、〈狼來了〉、〈下金蛋的鵝〉、〈披著羊皮的狼〉等許多故事。
要說本書中哪個故事會流傳到幾千年後，很可能還是〈狐狸與葡萄〉。

即使是從未聽過〈狐狸與葡萄〉這個故事的讀者，也認得「酸葡萄」這
個濃縮了故事道德精髓的詞。伊索的教誨周遊全世界，匈牙利語的「savanyu
a szolo」就是酸葡萄的意思，中國人則說：「吃不到葡萄說葡萄酸。」瑞典
的說法多了一點地方色彩，他們的「Surt sa räven om rönnbären」的意思是：
「狐狸說花楸果是酸的」。

伊索顯然是在描寫普世的人類缺點，如果不是因為反映了人性的某些
深刻真相，這則寓言也不會流傳兩千五百多年。問題是，很多真相也很深
刻，卻沒有像這樣滲透到幾十個文化的日常語言和思維中，這個真相特別具
有黏性，要歸功於其編碼的方式。這則寓言召喚著具體的意象，讓訊息得以
流傳：葡萄、狐狸、嫌棄葡萄的話。

如果伊索的概念編成「伊索的實用建議」：「得不到，態度也不要酸
溜溜」，大概不會這麼流芳千古。

這世界需要更多這類寓言。網路上有一個「企業行話產生器」的諷刺

網站，讀者可以從三個欄位各挑一個字，結合成如下詞彙：「互惠的成本基礎流程再造」、「顧客導向的願景範式」、「策略性的運籌價值」（順帶一提，所有這些行話聽起來雖然怪，倒也有模有樣）。老師們也有自己的行話：後設認知技巧、內在動機、檔案評量、適性發展、主題式學習。如果你和醫師說過話，那例子更是不勝枚舉，我們覺得最有意思的醫學術語是「自發性心肌病變」（idiopathic cardiomyopathy），「心肌病變」意味著心臟出問題，「自發性」的意思則是「我們不清楚你的心臟功能為什麼出問題」。

語言往往是抽象的，但人生並不抽象。老師教學生關於戰爭、動物、書本的知識；醫師修補我們的胃、背部、心臟等的問題；公司創造軟體、製造飛機、發行報紙，還打造比前一年更廉價、更快或更炫的車款。就算是最抽象的企業策略，最後也必須化為人類的具體行動，具體行動比抽象的策略陳述還容易理解——就像了解狐狸嫌葡萄酸，比了解關於人心的抽象評語更容易。

抽象使概念變得更難理解，更不容易記住。抽象也讓我們更不容易與他人協調彼此的行動，因為彼此對那個抽象概念的理解可能十分不同。具體能協助我們避開這類問題，這或許是伊索教給我們最重要的教誨。

為地景命名讓人產生興趣

過去五十年來，大自然保護協會（Nature Conservancy, TNC）都致力以最簡單的方法保護世界上珍貴地區的環境：直接買下土地。大自然保護協會以市價買下土地，使該地區成為開發或伐木等破壞環境的魔掌觸及不到的地方。協會內部稱呼這個策略是「銀兩換土地」，這項策略吸引了捐助與捐贈者，因為他們能清楚看見自己捐款的成果，大筆的錢可以買下大片土地，

小筆的錢可以買下小片土地，一位捐款者說，大自然保護協會帶來了「你可以用雙腳實地確認的成果」。

二〇〇二年，大自然保護協會加州地區營運長邁克・史威尼（Mike Sweeney）面臨一項巨大的挑戰。加州是大自然保護協會的一大重心，因為加州具有環境重要性的地區多不勝數，世上僅有五個地中海型氣候區，加州就是其中一個（其他四個是南非的芳百氏〔fynbos〕灌木植物帶、智利的馬特拉爾〔matorral〕灌木植物帶、澳洲的鄺甘〔kwongan〕地區，當然還有地中海地區）。這些地中海型氣候區只占全球百分之二的陸地，卻擁有超過全球五分之一的植物物種，如果你想買下具有環境重要性的土地，地中海氣候區就是荷包的最佳選擇。

二〇〇二年，史威尼和員工拿出一張加州地圖，為環境敏感性最高的地區上色，代表那些是最值得保護的地區。令人訝異的是，他們上色的區域多達加州的四成土地，這表示此路不通：他們沒有那麼多銀兩可以買下多麼多土地。

不過，加州有百分之九的土地被歸為「重大危險」區域。儘管買下百分之九的加州土地仍是天方夜譚，但保護這些區域的環境卻是當務之急，大自然保護協會不能就此放手。

大自然保護協會於是決定採用一些新做法。「銀兩換土地」的策略碰上這麼大片的土地是不可能成功的，所以與其直接擁有土地，大自然保護協會會確保那些重大危險區獲得保護，不受損害。該組織花錢請地主不要開發土地，購買所謂的「保育地役權」（conservation easement），也與當地及州政府合力改變政策，鼓勵個人或公家機關保護其土地，另外大自然保護協會也聚焦於沒有土地可買的重要海洋區域。

這些新策略是合理的——大自然保護協會保護得到的地區，比採用「銀兩換土地」策略時還多，不過也有缺點。首先，這些做法對捐款者來說較

不具體，他們無法「用雙腳實地確認」政府規定是否達到了理想成效；其次，也因為進展不夠具體，這些策略也可能讓大自然保護協會的員工士氣低落。史威尼說，大自然保護協會聚焦於土地買賣時，「成交時就是慶祝的好時機，可以告訴大家：『約翰和瑪麗買到那片土地了』，然後拍拍他們的背。」這些「里程碑般的時刻」可以大幅提升士氣，但新模式很難達到這點。大自然保護協會要如何讓這個新策略更具體？

在此情況下，你會怎麼做？有沒有辦法在勢必變得含糊的脈絡下，重新掌握「銀兩換土地」策略的可貴實質性？你要保護加州四成（或至少百分之九）的土地，但無法直接買下，那要如何向捐款者和合作夥伴解釋這點？

奇普在史丹福大學和學生討論過這個例子，為了達到具體的需求，有些學生說，他們會把加州四成土地（百分之九已陷入重大危險！）這個大得不可思議的挑戰，細分成較具體的「次要目標」。比方說：「我們會年年保護加州百分之二的土地，持續二十年。」其他人則採用我們能理解的「英畝」這類測量單位。多數人都能想像英畝有多大，但這裡的幅員太廣：百分之二的加州大約是兩百萬英畝那麼大，沒人能想像那是多大！

學生們明智地設法解開宏大的抽象目標，細分成較小、較具體的次要目標。他們的概念是正確的，但在這個例子中，那些數字還是太大了，有多少「英畝數」未必是最佳思考方式。有總共一千五百英畝的土地，比另外九萬英畝的土地更需要環境保育，「每年保護幾英畝數」的思維，就像美術館策展人只思考「每年收藏幾幅畫作」，卻不管收藏的畫作來自哪個時期、屬於哪種風格、出自哪位畫家之手一樣。

大自然保護協會的做法是：他們不談土地區域的大小，改談「地景」。地景是一片連綿不斷的土地，具有珍貴、獨一無二的環境特色。大自然保護協會的目標是在十年內保護五十片地景——其中二十五片地景具有緊急優先性。每年五片地景，比每年兩百萬英畝聽起來實際，且具體得多。

　　矽谷東邊的一片褐色山丘，是大小如優聖美地（Yosemite）的一片荒野的起始地，那片褐色山丘是舊金山灣的重要分水嶺，但矽谷的擴張已經迅速侵蝕了這片山丘。雖然該地區具有生態重要性，但這片山丘不像紅杉林或海岸，沒有美景可以引人遐想，山丘上覆滿草地，偶爾點綴著幾棵橡樹，一年的大多數時候，草都呈黃褐色。

　　史威尼也承認這片山丘沒有可觀之處，就連有意保護野地的矽谷當地團體也不怎麼留意這片褐色山丘。但史威尼表示：「我們追逐的不是美景。我們追逐這片山丘，是因為這片造物具有生態重要性。」

　　大自然保護協會將這片橡樹大草原命名為「漢彌爾頓山原野」（因為漢彌爾頓山是其最高峰，當地天文台也在這裡），確認該區為一片連貫的地景並予以命名後，這片原野就能出現在地圖上，展示在當地團體和政策制定者面前了。史威尼說，以前矽谷團體雖然想保護靠近家園的重要區域，也不知道要從哪裡著手。「如果你說：『矽谷東方有一片區域真的很重要』，那聽起來一點也不吸引人，因為不夠具體。但提出『漢彌爾頓山原野』這個名字，他們就有興趣了。」

　　由惠普公司（Hewlett-Packard Company）其中一位創辦人設立的矽谷組織普卡德基金會（The Packard Foundation），提供了一大筆保護漢彌爾頓山原野的經費，灣區的其他環保團體也開始發起保護該區的活動。史威尼說：「現在我們時時都相視而笑，因為我們看到別人的文件也會談到漢彌爾頓山原野。這時我們會說：『那名字不是我們取的嗎？』」

　　城市居民很容易為他們的鄰近社區命名並定義為「卡斯楚街區」、「蘇活區」、「林肯公園」等等，這些名稱定義了該區及其特徵，街區是有人格的。大自然保護協會也為地景創造了同樣的效果。漢彌爾頓山原野不是幾英畝的土地，而是一位環保明星。

　　這個故事不是關於土地，而是關於概念的抽象化。大自然保護協會避

開抽象化的陷阱（每年保護兩百萬英畝的地），將地圖上的抽象版塊化為具體地景。大自然保護協會聰明地理解到，脈絡可以變得含糊，方案也可以變得含糊，但他們的訊息可不能含糊。**具體是讓概念產生黏性的不二法門。**

可以用感官體會的事物，便是具體的

讓事物變「具體」的因素是什麼？可以用感官體會的事物，便是具體的，V8 攝影機是具體的，「高性能」是抽象的；大多數時候，我們可以把「具體」歸結為「特定的人在做特定的事」。在「意外」那一章，我們談到諾斯壯百貨的世界級客戶服務，「世界級客戶服務」是抽象的，但「諾斯壯人為顧客燙衣服」是具體的。

具體的語言能協助人理解新概念，特別是一無所知的人。抽象化是給專家的奢侈品，如果你要把一個概念教給一屋子的人，卻沒把握他們知道多少，具體的語言就是唯一安全的表達方法。

要見識具體的成效如何，我們可以從亞洲學校的數學課來理解。我們從新聞得知，東亞學童的學科表現樣樣比美國學童好（吃油膩的速食除外），數學尤其明顯。美國學童從小就比亞洲學生更不會算數學——小學一年級的課業表現差距就很大，到六年級差距更大。

亞洲學校做了什麼不一樣的事？

我們的刻板印象是，這些學校幾乎是以機器人般的效率運作：上課時間漫長，紀律嚴明。我們認為東亞學生多少比較沒有「創意」；我們也偏好認為他們的成績比我們的學生好是因為他們死背硬記。不過，真相幾乎恰恰相反。

一九九三年，一群研究者針對十間日本學校、十間臺灣學校、二十間

美國學校進行研究。他們從每間學校挑出兩位數學老師，觀察每位老師上四堂課的情形。研究者發現，所有老師要學生死背硬記的地方都不少；三個國家一半以上的課程都有這套標準流程，但其他教法的差異卻相當大。

舉日本老師提出的問題為例：「你有一百元，買了七十元的筆記本後，還剩下多少錢？」或是臺灣老師提出的這個問題：「一開始有三個小朋友在玩球，後來來了兩個小朋友，又來了一個小朋友。那現在有多少小朋友在玩球？」她一面說，一面在黑板上畫小人，並寫下「3+2+1」的算式。

請留意這些老師是拿具體、熟悉的事物來解釋抽象的數學概念——買文具和玩球。他們說明時利用了現存的基模，我們在「簡單」那一章也討論過這種策略，老師們運用現存的基模，也就是六個小朋友在玩球的動態，加上一層抽象概念。

研究者將這種問答法稱作「脈絡化的算術」（Computing in Context），幾乎是「死背硬記」的相反。和我們的刻板印象相反，這種教法在亞洲出現的機率是美國的兩倍（在前者的課程中占百分之六十一，在後者的課程中只占百分之三十一）。

再舉一個例子。一位日本老師在桌上擺出五排方塊，一排十個。接著，她拿掉三排方塊。她問一位學生還剩下多少片方塊，他給出了正確答案：二十片。然後，這位老師又問全班學生，他們是如何知道這是減法問題的？這位老師給了學生減法的視覺圖像，讓學生可以從這個具體的基礎上，建立「減法」的抽象概念：本來有五十片方塊，但拿掉了三十片。研究者將這類問題歸為「概念性知識」（Conceptual Knowledge）的問題，這類問題在日本課堂出現的機率是百分之三十七，在臺灣課堂出現的機率是百分之二十，但在美國課堂出現的機率只有百分之二。

從具體事物的基礎建立抽象概念，不僅是教數學的好方法，也是理解的基本原則。新手都渴望具體，你有沒有那種經驗，讀學術論文、技術文

章,甚至是一篇紀事時,你發現自己被新奇的抽象語言弄得一頭霧水,滿心希望可以看見實例?

或者也許你體驗過要照語焉不詳的食譜做菜的挫折:「煮到令人滿意的稠度」嗯?直接告訴我要攪幾分鐘不就得了!怎麼不給我照片看看是什麼樣子!我們煮過這道菜幾次後,「令人滿意的稠度」才會開始產生意義,我們為那個描述建立了感官圖像。但第一次讀到時,我們就和三歲小孩看到3+2+1的算式那樣,覺得毫無意義。

我們就是如此在具體的協助下理解事物——具體能幫助我們運用現有知識與感知的材料,建立出更高等、更抽象的見解。我們需要一些具體基礎來理解抽象概念,如果不藉由具體基礎來教導抽象原則,就像從半空中的屋頂開始蓋房子一樣。

具體才容易記住

具體的概念比較容易記得。舉個別的詞彙為例,人類記憶的實驗顯示,比起抽象詞彙(「正義」或「人格」)來,人較擅長記得具體、容易視覺化的名詞(「腳踏車」或「酪梨」)。

天生具有黏性的概念充滿著具體的用詞與形象——如肯德基的炸老鼠、盜腎事件中放滿冰塊的浴缸。如果盜腎傳說中的主角醒來只發現犯人畏罪潛逃,這個故事就不會那麼有黏性了。

耶魯大學研究者埃里克‧哈維洛克(Eric Havelock)曾研究《伊里亞德》、《奧德賽》等口耳相傳的故事。他指出,這些故事的特點是具體行動很多,抽象描述很少。為什麼?古希臘人對抽象概念絕對不陌生——畢竟柏拉圖和亞里斯多德都出生在那個社會。哈維洛克相信,這些故事的抽象成分

在歲月中逐漸淡化，代代相傳時，較容易記住的具體細節流傳了下來，抽象成分則逐漸消失。

回到現代世界，看看另一個歷久不衰又優美的表達領域：會計。請設身處地想像一位會計學教授要如何向大學生介紹會計原則。對新學生來說，會計似乎抽象得令人不解：損益表、資產負債表、T 型帳戶、應收帳款、庫藏股等種種概念中，看不見任何人影或感官資訊。

身為教師，你要如何讓會計概念變得生動活潑？喬治亞州立大學的兩位教授凱羅‧史賓格（Carol Springer）和菲‧波希克（Faye Borthick）決定大刀闊斧地改變教法。

二〇〇〇年秋天，史賓格和波希克將一個案例研究當成整學期會計課的骨幹。那個案例研究追蹤一間新公司的發展，這是勒格蘭州立大學的兩位虛構的大二學生克里斯和珊蒂成立的公司。

克里斯和珊蒂有一個新產品的點子，這是種叫做「安全夜遊」（Safe Night Out）的裝置，客戶是家裡有可以開車的青春期兒女的父母。只要裝在車裡，這個裝置就可以記錄車子的路線和速度，父母便能破天荒地確認兒女開車時有沒有安分守己。

如果你是初級會計學生，這時你已經成為故事的一部分。克里斯和珊蒂是你的朋友，他們聽說你在上會計課，所以需要你的協助。他們問你：我們的生意做得起來嗎？我們要賣掉多少套裝置才付得起學費？老師指導你如何追蹤相關原料（GPS 接收器、儲存硬碟）及合作關係（在 eBay 上販售的成本是多少）的成本。

在那個學期中，克里斯和珊蒂的連續劇透露了會計在企業生活中扮演的角色。每堂會計課都會區分固定成本和變動成本的定義，但在這齣連續劇中，學生與其說是透過定義了解兩者區別，不如說是自行發現的。無論如何，克里斯和珊蒂都必須付出一些成本，如開發產品的程式設計費那是固

定成本。其他成本只在產品的製造或販售過程中產生：如原料的成本、在 eBay 上貨的成本等，那是變動成本。如果你的朋友要把學費投入新創事業，做出這層區別很重要。

這個案例研究是從脈絡中學習的例子，類似亞洲老師上數學課的情形，只是在數學課中，學生整學期下來會碰到三百個不同的例子，但在這堂會計課中，學生碰到的是足以涵蓋整學期上課內容的一件豐富案例。

整個學期下來，你身為克里斯和珊蒂的會計師，從公司草創的風雨飄搖中一路看著他們成長。當地法院找上克里斯與珊蒂，希望給假釋犯人使用這套裝置，但法院卻希望用租的，不想買下裝置。克里斯和珊蒂要如何應對？後來，生意迅速起飛，但有一天他們突然驚慌地打電話給你，因為支票跳票了，他們賣出的套數比以前任何時候都多，但銀行戶頭裡卻沒有現金。怎麼可能呢（新創公司多半會面臨這個問題，從這裡可以介紹收益率與現金流量的不同）？你得理清那個月的現金支出傳票和 eBay 收據，才能得出清楚的答案。

那麼，學生的學習效果變好了嗎？起初，他們很難判定，因為課程設計改變，所以也很難直接比較今年的期末考成績與往年期末考成績的不同。有些學生似乎較投入新課程，但其他人則抱怨案例研究害他們得花更多時間唸書。不過，隨著時間過去，具體案例研究的優點開始日益浮現。有了這個案例研究的體驗後，成績平均積點（GPA）高的學生更有可能選擇主修會計，具體性確實讓最頂尖的學生想變成會計師了。

但案例研究對一般學生也有正面成效。在學生的進階會計課（平均在兩年後修課）中，前半段會大量採用他們在初級課程中學到的概念，處理過那個案例研究的學生，第一次考試的成績也明顯的較高。事實上，總平均分數為 C 的學生，成績的差異也特別大，一般來說，他們的分數高出十二分，請記得，案例研究早在兩年前就結束了。具體能帶來黏性！

記憶的魔鬼氈理論

具體性如何讓概念產生黏性？答案出在我們記憶的本質。

我們多數人都會覺得，記得某件事有點像把東西放進倉庫，記得一個故事就是把那個故事歸檔到大腦中。這個比喻沒有什麼問題，令人驚奇的是，不同類型的記憶可能有全然不同的歸宿。

你可以實地測試這點。下列句子會請你回憶各種概念，請花五到十秒鐘來看每條句子，不要匆匆讀完。從一條句子移到下一條句子時，你會注意到，回憶不同類別的事，感覺也將不同。

- 回憶堪薩斯州的首府
- 回憶披頭四的〈嘿·朱迪〉（或另一首你熟悉的歌）的第一句歌詞
- 回憶蒙娜麗莎
- 回憶你度過大部分童年的老家
- 回憶「真理」的定義
- 回憶「西瓜」的定義

大衛·魯賓（David Rubin）是杜克大學的認知心理學家，他運用這項練習來說明記憶的本質。每個請你回憶的指令引發的似乎是不同的心智活動。除非你正好居住在托皮卡（Topeka），否則回憶堪薩斯州的首府對你來說是抽象的練習。

相較之下，想到〈嘿，朱迪〉時，你會聽見保羅·麥卡尼（Paul McCartney）的歌聲和琴音（如果〈嘿，朱迪〉這個問題讓你腦袋一片空白，請用本書來取代披頭四的專輯，你會比較好受）。

蒙娜麗莎的回憶喚起的視覺圖像，無疑是她著名的神祕微笑。你的童

年老家則可能喚起一籮筐的回憶——充滿了氣味、聲音、景象。你甚至可能感覺到自己在老家四處奔跑，或是想起父母常坐在哪個地方。

「真理」的定義可能有點難回憶——你當然曉得「真理」的意思，但不像蒙娜麗莎，你可能沒有可以從腦海摘取出來的現成定義。你可能必須飛快創造出一個定義，讓這個定義似乎符合你腦海中「真理」的意思。

「西瓜」的定義可能也牽涉到某些心智運作。「西瓜」這個詞會立刻召喚感官回憶——綠色紋路和紅色果肉、香甜氣味和口感、整顆西瓜的分量。接著，你可能會感覺到自己念頭一轉，試著把這些感官回憶濃縮為定義。因此，記憶並不像單一的檔案櫃，反而比較像魔鬼氈。如果你拿起一片魔鬼氈的兩面，會發現其中一面布滿了數以千計的小鉤，另一面則布滿了數以千計的小環。壓合兩面時，小鉤會嵌進小環，導致魔鬼氈的兩面黏合。

你的大腦裡確實也有數量驚人的小環，概念的鉤愈多，就愈能黏合你的腦海。你的童年老家在你的大腦裡有千千萬萬個小鉤，一張剛辦好的信用卡則只有一個小鉤，那還算走運。

優秀的老師很懂得如何增加概念的小鉤。來自愛荷華的教師珍・艾略特（Jane Elliott）曾設計出一個訊息，其威力強大到能接通不同層面的情緒與記憶，以至於二十年後，她的學生還能生動地憶起那個訊息。

「偏見」的體驗！

馬丁・路德・金恩（Martin Luther King, Jr.）在一九六八年四月四日遭暗殺身亡。隔天，愛荷華的小學老師珍・艾略特發現自己必須向一班小學三年級學生說明他的死因。在愛荷華州賴斯維斯（Riceville）這個全是白人的城鎮，學生雖然都很熟悉金恩，卻無法了解是誰想致他於死地、原因何在。

　　艾略特說：「我知道這時候就應該具體一點，因為打從開學的第一天起，我們就在談歧視的問題。馬丁，路德·金恩兩個月前才獲選為我們的『當月英雄』，我們卻無法在愛荷華的賴斯維斯向小學三年級學生說明他為什麼遭槍殺。」

　　隔天她回到課堂，心裡有了盤算：她打算讓學生實地了解偏見是怎麼一回事。課堂一開始，她就把學生分成兩組：褐眼的孩子和藍眼的孩子。然後她宣布一項令人震驚的消息：褐眼的孩子比藍眼的孩子優越：「他們是這個教室裡比較優秀的人。」孩子們就此分成兩組：藍眼孩子被迫坐在教室後面。她告訴褐眼孩子，他們比較聰明，他們的下課時間也比較長。藍眼孩子則必須戴特別的衣領，這樣別人才能從遠處就知道他們的眼睛是哪種顏色。她也不准兩組孩子下課時玩在一起。

　　艾略特很震驚地發現，整個班級很快就變得不同。「我看著那些孩子變成卑鄙、不懷好意、充滿歧視的三年級學生……讓人非常不舒服。」她說，「友誼瞬間就瓦解了，褐眼孩子開始嘲笑本來是朋友的藍眼孩子。有個褐眼學生還問艾略特她怎麼能當老師：「因為妳的眼睛是藍色的。」

　　隔天一進課堂，艾略特便宣布她弄錯了，事實上褐眼孩子才是比較劣等的人，他們即刻接受了幸運之輪的逆轉。藍眼孩子們歡天喜地，跑去把衣領掛在劣等的褐眼學童脖子上。

　　據學生們描述，落入劣等組的那一天，他們心裡很悲傷、難受，覺得自己又笨又賤。「我們被看得低下的時候，」一個男孩哽咽地說，「感覺就像一切不好的事都發生在我們身上。」他們趾高氣昂時，則覺得快樂、美好又聰明。

　　就連他們的學業表現也改變了。有一項閱讀練習是要學生拿著一組拼音卡盡速唸完，第一天，藍眼孩子被歸為劣等的時候，他們花了五分半鐘才唸完，第二天高高在上時，他們只花兩分半鐘就唸完了。「為什麼昨天你

們沒辦法讀這麼快？」艾略特問道。一個藍眼女孩說：「我們戴著那個衣領⋯⋯」另一個學生插話說：「我們沒辦法不去想那個衣領。」

艾略特的模擬讓偏見變得具體——具體得殘忍，這也給學生的人生帶來了長遠的影響。十年後、二十年後的調查顯示，艾略特的學生明顯比未經歷那項練習的同儕更沒有偏見。

那次模擬對學生來說歷歷在目。十五年後，艾略特的學生團聚並接受美國公共電視網（PBS）《前線》（Frontline）系列節目的採訪時表示，那次體驗深深影響了他們。回想起自己的想法到第二天如何改變時，雷・韓森（Ray Hansen）說：「那是我這輩子最深刻的學習經驗之一。」蘇・金德・羅蘭（Sue Ginder Rolland）則說：「偏見必須及早修正，否則可能影響你一輩子。有時我發現自己是在歧視，這時我會停下來回想小學三年級的事，回想那種被貶低的感受。」

艾略特為偏見的概念裝上小鉤。其實她大可以和其他班級一樣簡單地處理偏見的概念，視其為重要但抽象的知識，如同堪薩斯的首府或「真理」的定義；她可以將偏見處理成必須學習的知識，如同二次大戰的故事。但是，她反而是將偏見化為體驗。

想想看，這裡用到了哪些「小鉤」：看見朋友突然嘲笑你，感覺到脖子上的衣領，覺得自己劣等的沮喪感，從鏡子看見自己的眼睛時的震驚感。這場體驗將許許多多小鉤裝進學生的記憶，以至於數十年後仍令人難忘。

找出共通的語言

艾略特對偏見的模擬有力地證實了具體性的威力，但如果具體性那麼強而有力，我們為什麼那麼輕易訴諸抽象？

　　理由很簡單：因為專家和新手的差異，就在於兩者抽象思考的能力。新陪審員會對律師的個性、事實細節、法庭儀式印象深刻，在這同時，法官則是要拿過往案例和法律先例的抽象教訓來衡量眼前的案子。生物課學生想記住的是爬行類動物是不是會下蛋，但生物學老師則會從動物分類學的龐大體系來思考。

　　具體細節在新手眼裡就是具體細節，但具體細節在專家眼裡，卻象徵著他們從多年經驗中學到的模式與見解，也因為他們有能力獲得更高層次的洞見，他們的語言自然也會提升到更高層次。他們想談論的是下棋的策略，不是主教應不應該走對角線。

　　我們的經典反派「知識的詛咒」就是從這裡進場。研究者貝絲・貝姬（Beth Bechky）曾研究一間製造商的例子，那間公司設計並建造用來生產晶片的複雜機器。要建造這類機器，那間公司需要兩種人才：開發優秀設計的工程師，以及將設計轉化為複雜的實體機器的專業製造人手。

　　如果那間公司想成功，兩種人才就必須順暢無礙地溝通。但不令人意外地，他們說的語言不同：工程師傾向抽象思考——他們每天都在絞盡腦汁畫設計圖和藍圖；另一方面，製造團隊則傾向從實務面思考——他們整天都在建造機器。

　　最能展現「知識的詛咒」的是在生產線出錯的時候。製造人員有時會碰到問題，例如某樣東西不合，或是機器的電力不足。製造部會將問題拿給工程師看，要工程師立刻設法解決，特別是修正他們的設計圖。

　　舉例來說，如果製造團隊發現某個機器零件不合，他們把零件拿去給工程師看時，工程師會想拿藍圖出來，把零件擺在上面比對。換句話說，工程師本能地想跳到更高的抽象層次思考。

　　貝姬發現，工程師會讓設計圖「更精細」，希望加強的設計圖能為製造部釐清問題。於是設計圖隨著時間變得更抽象，反而讓溝通更困難重重。

這些工程師的行為，就有如到國外旅遊時試著放慢速度大聲講英文，希望對方聽得懂他在說什麼的美國遊客。他們都中了「知識的詛咒」，沒有辦法想像從非專家的角度來看技術設計圖是什麼感受。

製造團隊會想：你直接下來廠房這裡，告訴我那個零件擺在哪裡不就得了？

工程師想的卻是：我要怎麼改善這張設計圖？

不在晶片機器製造公司上班的多數讀者，對這種溝通不良的情況顯然不陌生。那你要怎麼解決呢？雙方是不是應該更設身處地為對方著想，找出基本的折衷之道？事實上不然，應該是要請工程師改變他們的行為。為什麼？貝姬指出，實體機器是最有效、最相關的溝通領域。人人對機器都瞭若指掌，因此問題應該從機器的層級來解決。

我們很容易便會忘記自己是用專家的口吻說話，這時我們就會像「敲打者與聆聽者」遊戲中的敲打者，落入「知識的詛咒」。用具體的語言談論我們已熟知多年的主題，可能會覺得不太自然，但如果我們願意努力，就能看見回報：聽眾會了解我們在說什麼，也會記住我們的話。

這個故事的寓意不是要把事情「低能化」。製造人員面對複雜的問題時，需要的是巧妙的解答。因此，這個故事的寓意反而是要找出「共通語言」，方便人人流利溝通，而通用的語言必定是具體的語言。

以具體促進協調

在前一章最後，我們提到兩個用來激勵並協調大批聰明人士的口號。那兩個出人意料的口號提出了研發「可攜式收音機」和「在這十年內把人送上月球」的挑戰。請留意，這些口號也可喜地具體，日本工程師不太可能因

為不清楚任務內容而進退兩難，NASA 也不太可能花大把時間琢磨「人」、「月球」、「十年」這些詞的意思。

具體讓目標鮮明可見，即使是專家也需要這種明晰性。想像一間新軟體公司的創立目標是建造「下一具偉大的搜尋引擎」，這間新創公司有兩位程式設計師，兩人專業相近，辦公室也彼此相鄰。對其中一位程式設計師來說，「下一具偉大的搜尋引擎」意味著萬無一失，要確保這具搜尋引擎能找出並回報網路上所有的相關資訊，關聯再薄弱的資訊都要找到。對另一位程式設計師來說，這句話卻意味著速度，要確保這具搜尋引擎能十分迅速地搜尋到好結果。

在目標更具體之前，他們努力的目標無法完全一致。

一九六〇年代，波音公司準備展開七二七客機的設計時，經理們刻意設下了具體目標：波音七二七必須有一百三十一個座位，要能一口氣從邁阿密飛往紐約市，並降落在拉瓜地亞機場（La Guardia）的 4-22 號跑道（選這條跑道是因為其長度不到一英里，對當時所有客機來說都太短了）。在這麼具體的目標下，波音有效地協調了數千位專家在各個工程或製造層面的行動。如果目標是建造出「世上最棒的客機」，想想要完成波音七二七的設計會有多難。

豐富的感官體驗取代 PowerPoint

SYP 顧問公司（Stone Yamashita Partners）是舊金山的一間小型顧問公司，由出身於蘋果公司創意部門的羅伯・史東（Robert Stone）和山下凱斯（Keith Yamashita）成立。SYP 擅長運用具體技巧協助公司組織創造改變。「我們做的每件事，幾乎都是本能、視覺的。」山下凱斯說。大多數顧問公

司的「產品」往往是 PowerPoint 報告，但在 SYP，更可能出現的是模擬、活動，或是一具創意裝置。

　　二○○二年左右，惠普公司找上 SYP。惠普的管理高層團隊希望贏得與迪士尼合夥的機會，所以想請 SYP 協助準備提案，以突顯惠普的研究成果，顯示其能如何協助迪士尼運作其主題樂園。

　　惠普就如同許多科技公司，是在實驗室進行其大型研究，但研究結果未必能轉化為觸摸得到的實質商品。研究人員對做出複雜、細膩的產品來拓展科技邊界躍躍欲試，但顧客想要的通常是可靠、好上手的產品，研究人員與顧客的期待並不總是能契合。

　　SYP 規劃的「報告」，是占地六千平方英尺的展覽。山下描述其主旨是：「我們發明了一個名叫法拉利的虛構家族，一家三代，然後建構一場展出，展出其家庭生活和他們到迪士尼遊玩的經驗。」

　　走進展場，你就走進了法拉利家的客廳，四周掛有家庭相片。隨後你參訪的每個房間，都將帶你看見法拉利家到迪士尼度假的各個場景。惠普科技協助他們買票，讓他們盡早進入樂園，也協助預約他們用餐的地點；另一項技術協助他們享受最愛的遊樂設施時，還能盡量縮短等候時間。一天結束後回到飯店房間時，還有一點最後的驚喜：數位相框自動載入了他們在迪士尼坐雲霄飛車的一張相片。

　　SYP 和惠普的工程師合作，將關於合作好處的訊息，也就是以往可能用 PowerPoint 做的報告，轉變成生動、活潑的擬像。SYP 為數位服務的概念裝上小鉤，以豐富的感官體驗讓抽象概念變得具體。

　　值得注意的是，參觀展場的觀眾分成兩類。一類是迪士尼公司，迪士尼的執行主管是「新人」——他們需要有人以具體可見的方式呈現惠普科技能提供的服務。另一類是惠普的員工，特別是工程師，他們完全不是惠普的新人，多數工程師對山下的展覽有多少成效半信半疑。然而，展出一開幕，

惠普內部就掀起了一股熱潮,本來展出的用意是要讓迪士尼印象深刻,投提案一票,但因為大受歡迎,所以延長了三、四個月。有人觀察說:「因為展出太受歡迎,所以其他人也開始在問:『你看到那實驗團隊有多厲害了嗎?你知道我們也辦得到嗎?你知不知道他們才花二十八天就辦到了?』

具體性能協助專家團隊相互協調,這支各有長才的工程師團隊,本來習慣思考艱難的科技問題,但突然就要和法拉利家族面對面。努力理解這個家族的具體需要,了解他們購票、預約、照相的需求後,他們做出了驚人的報告:將抽象概念帶出研究實驗室,轉化為一張雲霄飛車上的家族相片。

具體讓知識派上用場:白色事物

請拿出紙筆,準備計時工具(手錶、喜歡數數兒的伴侶等)。這裡有一個可以自己來的具體性測驗,請你做兩個十五秒的小練習。把工具備齊後,將計時器設定在十五秒,然後跟著以下指示從步驟一做起。

步驟一:寫下你能想到的白色事物,愈多愈好。

停。再設定一次十五秒。這次請開始步驟二。

步驟二:寫下你家冰箱裡的白色物品,愈多愈好。

值得注意的是,大多數人列出的冰箱內白色物品,數量和任何白色事物一樣多。這個結果很驚人是因為,我們的冰箱放不進宇宙的一大部分。就算是列出較多白色事物的人,也往往覺得冰箱的那題測驗比較「簡單」。

為什麼會有這種事？因為具體性是一種動員並集中腦力的方式。再舉一個這類現象的例子。請想想這兩句陳述：（1）請回想過去十年來世人做的五件蠢事；（2）請回想過去十年來你的孩子做的五件蠢事。

這當然是一個設計給大腦的小把戲。但價值何在？創業者也許就可以運用這種大腦小把戲，從精明世故的投資者手中獲得四百五十萬美元資金。

卡普蘭的「文件夾」奇招

對創業者來說，有機會向在地的創投業者提出你的商業概念，就像初出茅廬的演員獲得獨立電影導演的試鏡機會般，是大事一件。但有機會向矽谷最赫赫有名的凱鵬華盈公司（Kleiner Perkins）提案，更像是與史蒂芬·史匹柏（Steven Spielberg）私下一對一試鏡，你有可能化身為明星，也有可能搞砸你這輩子最大的機會。

一九八七年初，二十九歲的傑瑞·卡普蘭（Jerry Kaplan）站在凱鵬華盈的辦公室裡會那麼緊張，原因就在這裡，他還有三十分鐘左右就要上場報告。卡普蘭本來是史丹福大學的研究者，後來離開學校加入早期的蓮花軟體（Lotus Development Corporation），在當時，熱銷的 Lotus 1-2-3 電子試算表軟體是股市寵兒。

如今，卡普蘭已經準備好迎向下一個挑戰，他對更小型、更便於攜帶的新一代個人電腦懷有願景。

他在會議室外走來走去，等前一位創業者做完報告。看見另一位創業者走出來時，他發現自己實在準備不周，

這令他緊張到接近恐慌。另一位創業者穿著深色細條花紋西裝，打紅色領帶，卡普蘭卻穿著運動夾克和開領衫。另一位創業者在白板上畫彩色圖

表，令人印象深刻，卡普蘭卻帶著栗色文件夾，裡面裝了一疊白紙。情況看起來不太妙。

卡普蘭以為他只是要在非正式的場合露面，「認識認識」對方，但站在那裡，他才發現自己太天真：他「沒有商業計畫，沒有投影片，沒有圖表，沒有財務預估，沒有樣本」。最糟的是，這位準備不周的創業者一進會議室，就得面對一群疑心四起的觀眾丟來的大量棘手問題。

輪到卡普蘭進會議室時，一位合夥人向眾人介紹了他。卡普蘭深吸一口氣後，開口說：「我相信一種新型電腦，將滿足如你我一般的專業人士離開辦公桌時的需求。這種新型電腦的外觀接近筆記本，不像打字機，而且是以筆操作，不是以鍵盤操作。我們可以用這類電腦寫筆記，並透過手機連結收發訊息，查詢通訊地址、電話、價目表、存貨，做試算表，還有填表格……」他詳述牽涉其中的科技，特別指出尚有疑慮的重點：電腦能不能確實辨認手寫內容並轉化為指令。卡普蘭描述接下來發生的事：

> 我的聽眾似乎繃得很緊。我看不出來他們是對我的缺乏準備感到惱怒，還是只是專心聽我說話……我以為自己已經搞砸了，沒什麼好損失的，所以決定冒險來一點表演。
>
> 「如果我現在手上拿著的是一台攜帶型個人電腦，各位肯定能理解我的重點。各位或許不明白，我此刻拿的正是計算機的未來模型。」我把栗色文件夾往空中一扔。文件夾啪地一聲落在桌子中央。「各位，這就是電腦革命的下一步模型」。
>
> 有一會兒，我以為最後這個誇張的把戲會讓我被踢出會議室。他們一聲不響地坐著，盯著我平凡無奇的皮製文件夾看，彷彿這個一動也不動躺在桌上的玩意可能會突然活過來。面貌年輕但身為公司資深合夥人的布魯克・拜爾斯（Brook Byers）緩緩伸手摸了摸文件夾，彷彿那

是某種法器。他提出第一個問題。「到底這東西可以裝進多少資訊？」約翰・杜爾（John Doerr）（另一位合夥人）不等我回應便開口：「這點倒無妨。記憶卡每年都愈來愈小，也愈來愈便宜，同樣尺寸和價格的記憶卡，性能也許會年年加倍。」

這時有人插嘴：「不過約翰，你也要記得，除非你能有效轉譯手寫內容，否則有可能占很多空間。」說這話的人是昇陽電腦（Sun Microsystems）的執行長維諾德・柯斯拉（Vinod Khosla），他協助合夥人評估科技案的可行性。

卡普蘭說，從那一刻起，他幾乎不需要開口，因為那些合夥人和同僚已經在彼此交換問題與意見，充實了他的提案。他說，每隔一段時間，就會有人伸手去碰或檢視他的文件。「那個文件夾已經神奇地從普通文具轉化為未來科技的象徵了」。

幾天後，卡普蘭接到凱鵬華盈的電話，合夥人們決定支持他的計畫，他們決定為卡普蘭的紙上公司投資四百五十萬美元。

將這場會議從一場讓焦慮的創業者坐立不安的煎熬，化為一場動腦大會的關鍵是什麼？那個栗色文件夾。文件夾給會議室的與會者下了戰帖，要他們集中心思，運用他們現有的知識思考。那個文件夾改變了他們的態度，讓他們從保守批判，變得主動而有創意。

文件夾的在場，讓創投業者更容易腦力激盪，就像集中心思在「冰箱裡的白色物品」上，也讓我們更容易動腦思考。他們看見文件夾的尺寸時，心裡會升起某些疑問：那東西的記憶體容量有多大？哪些個人電腦零件的體積過幾年會縮小，哪些不會？要提高這種電腦的可行性，需要發明哪些新技術？索尼的日本工程團隊受「可攜式收音機」的概念啟發的過程也是如此。

具體性創造出人們可以合作的一片場地。會議室裡的人都可以安心確

認彼此面對著同樣的挑戰,即使是專家,也就是凱鵬華盈的創投業者、科技界的搖滾明星,也能從具體的談話中找到共同的立足點。

案例分析

口服補液療法能救孩子的命!

情況 每年世界各國都有超過一百萬名孩童因為腹瀉脫水致死。這個問題是可以用相當低廉的成本預防的,只要讓孩童攝取正確的液體即可。你要如何吸引人們相信這個概念?

訊息一 非營利組織「國際人口服務組織」(Population Services International, PSI)的主要任務是發展中國家的健康問題,該組織提出以下說明:

腹瀉是發展中國家兒童的首要死因之一,每年導致一百五十萬名兒童死亡。腹瀉本身不是死因,而是脫水,即身體喪失水分。人體約有四分之三是水,如果水分喪失超過總量的百分之十,主要器官便會喪失功能,最後死亡。如果腹瀉情形嚴重,例如霍亂造成的腹瀉,就有可能導致人在八小時內死亡。

為了預防脫水致命,大量增加液體的攝取是有必要的,才能補足因為腹瀉流失的液體與電解質。最能達到這個目標的液體是電解質、糖、水的混合液,又稱作口服補液鹽(oral rehydration salts)。口服補液鹽比任何其他液體都更能迅速補充液體與電解質,就算腸壁功能因為疾病受損也一樣有效。

分 析 一 快答：這個問題容易解決嗎？假設你是一個發展中國家的衛生官員，你明天會做哪些事來拯救孩童？

平心而論，這則訊息是出現在網頁上的文字，用意是描述 PSI 一直以來都致力於解決這個問題，文字未必反映出該組織要說服決策者採取行動時採用的說法。

這段資訊的語氣是為了創造可信度，其中有許多科學用詞與解釋。然而，如果問題聽起來太複雜，人們可能就會卻步，不那麼願意動手解決了。

訊 息 二 這段訊息是來自詹姆士‧葛蘭特（James Grant），他擔任聯合國兒童基金會（UNICEF）會長多年。葛蘭特不論到哪裡，都隨身帶著裝滿一茶匙鹽、八茶匙糖的小袋子——只要混合一公升的水，這些成分就變成口服補液鹽。他與發展中國家的首相會面時，就會拿出這個裝著鹽、糖的小袋子說：「你知道這一袋的成本比一杯茶的成本低，又可以在您的國家拯救幾十萬名孩童的性命嗎？」

分 析 二 快答：這個問題容易解決嗎？你明天會做哪些事來動手拯救孩童？葛蘭特的訊息讓你集中心思，協助你運用現有的知識，也許是設法想出要如何把裝有鹽、糖的小袋子帶進學校，也許是思考要如何透過宣傳活動，教導媽媽們用正確比例調出鹽糖混合液。

葛蘭特顯然擅長讓概念產生黏性。他拿出具體的道具，用引起對方注意的意外對照來當成他的開場白：這一小袋的成本比一杯茶還低，卻能帶來實質功效。

案 例 分 析

首相們多半把時間用來思考細膩、複雜的社會問題,例如打造基礎建設、興建醫院、維護環境衛生等,但突然之間,他發現這一小包鹽和糖,竟然就能拯救幾十萬孩童的性命。

葛蘭特的訊息確實犧牲了賦予「國際人口服務組織」訊息可信度的統計數字和科學描述,但身為聯合國兒童基金會會長,他的威信足以讓人們不去質疑他口中的事實,他才能把(其實無可非議的)事實戰拋諸腦後,專心打動機戰。他那包鹽與糖的效用,就等同於栗色文件夾在卡普蘭為創投業者做的報告中發揮的效用:協助聽眾從自己的專業思考問題。他們既然看見了,就不可能不去思考有哪些可能性。

記分

清單	訊息一	訊息二
簡單	-	√
意外	-	√
具體	-	√
可信	√	-
情感	√	√
故事	-	-

關鍵要點 這回的案例分析,用的是我們在本書中最喜愛的前後對照的例子,因為這個例子顯現出具體概念的威力無窮。這裡的寓意是,要設法邀請人們集中心思,協助他們運用現有的知識思考;在這裡,道具比科學描述更有效。

讓概念變得具體

我們要如何讓自己的概念變得更具體？如果我們能找出特定人群，也就是讀者、學生、顧客等的需要，便能更快做出決定。

通用磨坊（General Mills）是世上最大的消費品製造商之一，旗下品牌包括品食樂（Pillsbury）、契瑞歐（Cheerios）、綠巨人（Green Giant）、貝蒂·克羅克（Betty Crocker）、切克斯（Chex）等眾多品牌。從銷售的角度來看，該公司最大的一個品牌是漢堡幫手（Hamburger Helper）。來自密西根州的梅莉莎·施圖辛斯基（Melissa Studzinski）二〇〇四年加入通用磨坊時，二十八歲的她擔任的就是漢堡幫手的品牌經理。

她加入團隊時，漢堡幫手已經陷入十年的低潮。因為生意欠佳而氣餒的執行長因此宣布，公司二〇〇五年的首要目標是修正並開發漢堡幫手這個品牌，團隊中資歷最淺的施圖辛斯基對這項挑戰躍躍欲試。

剛到任時，她收到三大箱數據與統計表：銷售與產量資訊、廣告策略簡報、產品資訊、對該品牌顧客的市場研究。要理解那三大箱資料都成難事，更別提記在腦海。她把這些資料稱作是「死亡之箱」。

幾個月後，施圖辛斯基的團隊決定暫且擱置數據，另闢蹊徑。他們訂定計畫要漢堡幫手的團隊成員，包括行銷部、廣告部、研發部員工，親自到顧客家裡訪問。這個概念的小名又叫「指尖活動」，因為通用磨坊的員工必須從指尖隨時召喚出品牌顧客的形象。

他們打電話給願意讓陌生人進家門呆呆盯著她們煮飯的婆婆媽媽（漢堡幫手的主顧），團隊因此造訪了二、三十多個家庭，施圖辛斯基也拜訪了三個家庭，那次經驗教她難忘。

「我讀過也背得出顧客的所有相關數據，」她說，「我可以默背那些人口統計數字，但走進顧客家裡體驗一下她的生活，卻是十分不同的體驗。

我永遠不會忘記其中一位女性，她拿鍋鏟炒菜時，腿上還坐著一個娃兒。我們都知道『方便』是我們產品的重要特色，但親眼看見她們是如何需要方便，又是另一回事。」

施圖辛斯基最大的收穫是，她理解到媽媽和小朋友都真心希望口味是可預期的。

漢堡幫手有十一種不同的麵糊形狀，但小朋友根本不關心形狀是不是不同，他們關心的是口味，媽媽們也只想買同一種可預期的口味，孩子才不會拒吃。但漢堡幫手有三十幾種不同口味，媽媽們就得在琳瑯滿目的雜貨店貨架中努力找出最合意的選擇。食物和飲料公司往往會持續推出新的口味和包裝，但施圖辛斯基必須抗拒這類推陳出新的活動。「媽媽們覺得新口味很不保險。」她說。

團隊運用媽媽和小朋友的這些具體資訊，說服公司裡的不同部門（從供應鏈、製造部到財務部的各組人員）簡化產品線。依據施圖辛斯基的說法，省下的成本「很龐大」，但媽媽們才是更開心的人，因為從雜貨店貨架上找出家人愛吃的口味，變得容易了。簡化產品線的見識，加上其他關於定價和廣告的關鍵洞見，讓該品牌萌現生機。二〇〇五年的會計年度，漢堡幫手的銷售量增加了百分之十一。

施圖辛斯基說：「現在，每當我必須做出關於品牌的決定，就會想起我遇見過的那些女性，我會想知道換成她們，她們會怎麼做？用那種方式來思考問題出奇有效。」

對於更深奧的概念，這套哲學也很管用。馬鞍峰教會（The Saddleback Church）是加州爾灣郊區一間非常成功的教會，至今已經有五萬多名教徒。多年來，教會主事者已經為他們想接觸的人描繪了一張細膩的圖像，他們稱呼這些人是「馬鞍峰山姆」。馬鞍峰教會牧師里克・華倫（Rick Warren）這樣形容他：

馬鞍峰山姆是我們這個地區不上教堂的典型男性居民，年紀在四十上下，有大學或以上的學歷……他和馬鞍峰的珊曼莎結婚，有兩個孩子史提夫和莎莉。

調查顯示，山姆喜歡他的工作，也喜歡居住在這裡，他認為自己比五年前更享受生活。他很滿意到目前為止的人生進展，甚至自鳴得意。他如果不是專業人士，就是經理，要不就是成功的創業者。

……山姆的另一項重要特徵是，他對自己所謂的宗教「組織」存疑。他很可能會說：「我信耶穌，只是不喜歡宗教組織。」

這份側寫還有更多深入細節，包括山姆與珊曼莎對流行文化的品味、他們對社會事件的偏好，諸如此類。

「馬鞍峰山姆」帶給教會主事者哪些收穫？山姆迫使他們從不同角度看待教會的決策。例如，有人建議對本地社群成員進行電話推銷。聽起來很有接觸新教友的潛力，但主事者從研究得知，山姆討厭電話推銷，所以他們捨棄了這個做法。

也不是只有教會主事者才會想到馬鞍峰的山姆和珊曼莎。馬鞍峰教會有數百個小分部，位在小學教室、母親外出日計畫、男籃隊中。所有小分部都是由志工領導，他們不是每天都聽命於教堂的支薪職員，不過這些不同計畫還是能齊心協力，因為教會上下對他們要接觸哪些人瞭若指掌。「我們的成員大多能描述山姆的樣子，沒有問題。」華倫說。

教會讓馬鞍峰的山姆與珊曼莎在教徒心中成為活生生、會呼吸的具體存在，進而設法接觸到了五萬名真實的山姆與珊曼莎。

在本書討論的六大黏性特質中，「具體」或許是最容易接納的，也可能是其中最有效的特質。

簡單，也就是找出核心訊息，確實是不容易的（肯定值得一試，只是

也不要唬弄自己說，追求簡單很容易）。以出人意料的方式建構概念，也需要耗費許多心力和實用創意。但具體並不難，也不需要花太多力氣，唯一的障礙就是健忘——我們忘記了自己的話聽起來很抽象，我們忘記了其他人並不知道我們所知道的事。我們是不停回頭看設計圖的工程師，沒有注意到裝配作業員要的，只不過是請我們下樓到廠房看看。

可 信

每十人當中，就有一人在一生中會得潰瘍。最常見的是十二指腸潰瘍，這種疾病幾乎很少致命，卻疼痛難當。長久以來，潰瘍的起因一直是謎團，古早的智慧認為潰瘍是胃酸過多蝕穿胃壁所致。人們認為壓力、刺激性食物、過量飲酒是導致胃酸過多的原因。潰瘍的傳統療法主要是緩解造成疼痛的症狀，因為沒有「治癒」潰瘍的明確方法。

一九八〇年代初期，兩位來自澳洲珀斯（Perth）的醫學研究者得出驚人的發現：潰瘍是細菌引起的。巴里・馬歇爾（Barry Marshall）與羅賓・沃倫（Robin Warren）兩位研究者找出罪魁禍首是一種微小的螺旋狀細菌（後來稱作幽門螺旋桿菌或幽門桿菌）。這項發現有重大的意義：如果潰瘍是由細菌引起，那就可以治癒。事實上，簡單地使用抗生素治療，幾天內就可以痊癒了。

然而，醫學界並沒有為之欣喜。馬歇爾和沃倫沒有因為一舉改善了幾億人類的未來健康而廣獲讚譽。冷落他們的原因很簡單：沒有人相信他們。

細菌的說法有幾個問題。第一個問題是常識，胃酸是一種強效物質，顯然足以穿透厚牛肉片，也強到足以溶解釘子（但沒那麼明顯）。想像細菌有可能在這種環境下存活是很荒謬的，跟在撒哈拉沙漠撞見愛斯基摩冰屋差不多。

第二個問題是來源，發現幽門桿菌時，沃倫是珀斯一間醫院的病理學家；馬歇爾則是三十歲的內科實習醫師，根本還不是正式醫師。醫學界期待重要發現是來自研究型大學的醫學博士或教授群、世界級醫學中心等，內科醫師能治癒的，不可能是影響世界一成人口的疾病。

最後一個問題是地點，珀斯的醫學研究者就像來自密西西比的物理學家。雖然科學就是科學，但人類骨子裡的勢利眼使然，我們傾向認為科學只會來自某些地方，不會來自其他地方。

馬歇爾與沃倫甚至無法讓他們的研究論文登上醫學期刊。馬歇爾在專

業會議上報告他們的發現時，科學家們嗤之以鼻，其中一位聽過他們報告的研究者評論說，他「根本沒有一個科學家的樣子」。

平心而論，這些人的懷疑不無道理：馬歇爾和沃倫提出的證據是根據關聯性，不是因果關係。胃潰瘍病患似乎都有幽門桿菌。不幸的是，有些人雖然有幽門桿菌，卻沒有潰瘍。而且，要證明潰瘍與幽門桿菌的因果關係，兩位研究者也不能讓一群人平白染病，觀察是不是會導致潰瘍。

到一九八四年，馬歇爾已經失去耐性。一天早上，他沒吃早餐便請同事們到實驗室來，在他們驚異的目光下，他咕嘟咕嘟吞下整整一杯大約十億個幽門桿菌。「味道很像沼澤水。」他說。

過了幾天，馬歇爾覺得疼痛、噁心、想吐──這是早期潰瘍的典型胃炎症狀。他的同事用內診鏡發現，本來健康粉嫩的胃黏膜，如今已經發炎變紅。接著，馬歇爾像變魔術般，用抗生素和鉍（次水楊酸鉍中的活性成分）治好了自己。

即使在這場戲劇性的示範之後，論戰仍未停息，其他科學家不斷挑剔這場示範的毛病。他們爭論，馬歇爾是在潰瘍成熟之前治好自己的，所以也許他只是引發了潰瘍的症狀，但沒有真正出現潰瘍。但馬歇爾的示範也重振了細菌派的士氣，日後也累積了愈來愈多有利於這項理論的證據。

一九九四年，也就是十年後，美國衛生研究院（National Institutes of Health）終於願意背書支持抗生素是潰瘍的理想療法。馬歇爾與沃倫的研究為現代醫學提出了重要的主題：細菌與病毒導致的疾病比我們以為的還多。現在我們知道，子宮頸癌是人類乳突病毒（HPV）引起的，某些種類的心臟病也與巨細胞病毒有關，這種常見病毒影響著大約三分之二的人類。

二○○五年秋天，馬歇爾與沃倫因其發現獲得諾貝爾醫學獎，這兩人提出了出色、值得獲得諾貝爾獎、能改變世界的洞見。那為什麼馬歇爾非得要喝下病毒讓人們相信他不可？

找出可信度

讓我們從最廣泛的角度來問：讓人們相信某個概念的原因是什麼？如果是很大膽的問題又如何？從最顯而易見的答案講起，我們相信是因為我們父母的或朋友相信，我們相信是因為我們的親身體驗引領我們相信，我們相信是因為我們的宗教讓我們相信，我們相信是因為我們信任權威。

這些都是強而有力的力量——家庭、個人體驗、信仰。令人安慰的是，我們控制不了這些力量影響人的方式，我們無法透過別人的母親讓自己的提醒產生可信度，也建構不出瓦解人們核心信仰的 PowerPoint 報告。

如果我們想說服一群懷疑的聽眾相信一個新訊息，事實是，這會是一場艱辛的上坡戰，因為我們必須抵抗他們這輩子到目前為止的個人學識與社交關係。

要影響別人的信仰，我們可以做的似乎不多，但假如我們懷疑自己有沒有能力影響他人的信仰，只要看看那些具有黏性的概念就可以了，因為其中有些概念確實能說服我們相信一些不可思議的事。

一九九九年左右，一封電子郵件訊息在網路上流傳，人們相互傳送的這則訊息宣稱，從哥斯大黎加運來的香蕉會傳染壞死性筋膜炎，也就是食肉菌，警告人們未來三週不要買香蕉，也敦促人吃香蕉後如果起疹子，就要尋求醫療協助！

這封電子郵件還提出警示：「感染壞死性筋膜炎的皮膚會非常疼痛，食肉菌每小時會吞噬二、三公分的肉，最後有可能會截肢，也有死亡的可能性。」信中宣稱，美國食品藥物局唯恐引起全國恐慌，所以不願大規模發布警訊（就算食品藥物局沒有做出回應，消失的幾公分骨肉也足以引起恐慌），這則驚人的訊息據傳是由曼海姆研究中心（the Manheim Research Institute）發出的。

這則怪異謠言的流傳，有一部分是因為其權威氛圍。訊息是由曼海姆研究中心傳出的，而且食品藥物局知道這個問題！曼海姆研究中心和食品藥物局是用來加強訊息的可信度，兩者的權威會讓我們願意對不可思議的聲明再三思索：食肉菌每小時就會吃掉兩、三公分的肉？如果是真的，為什麼晚間新聞沒有報導？

顯然有人明白謠言的可信度是可以加強的。後來的版本又添油加醋：「疾病控制與預防中心已證實這則訊息。」

如果謠言流傳得夠久，最後無疑會獲得「達賴喇嘛的贊同」、「聯合國安全理事會的真心背書」。

這批受汙染的香蕉顯示，權威是為概念提供可信度的可靠來源。要提出哪些權威可以增添可信度時，我們很容易想到兩種人，第一種是專家——他們的牆上掛滿了加框的證書：神經科學領域的奧利佛‧薩克斯（Oliver Sachs）、經濟學領域的艾倫‧葛林斯潘（Alan Greenspan）、物理學領域的史蒂芬‧霍金（Stephen Hawking）。

名人和其他成就非凡的人物構成第二類「權威」。我們為什麼要關心麥可‧喬丹喜不喜歡麥當勞？他當然不是合格的營養學家或世界級美食家，我們關心，是因為我們想變得像喬丹一樣，所以如果喬丹喜歡麥當勞，我們也會喜歡。

如果歐普拉‧溫芙蕾（Oprah Winfrey）喜歡某本書，我們對那本書的興趣也會提高，因為我們相信自己想效法的那個人所做的推薦。

如果你能獲得霍金或喬丹等名專家或名人的背書，那你可以跳過本章。至於我們其他人，我們要上哪兒找權威？我們可以不借助名人或專家，便找到可信度的外部來源嗎？

意外的是，答案是肯定的。我們可以從反權威身上獲得可信度，其中一個例子是名為潘姆‧拉芬（Pam Laffin）的女子。

老煙槍的逆襲

潘姆‧拉芬是一九九〇年代中期一系列反菸電視廣告的明星，拉芬不是名人，也不是健康專家，她是一名老菸槍。

當時，二十九歲的拉芬是兩個小孩的母親，她從十歲開始抽菸，二十四歲就罹患肺氣腫，且已經歷過一次失敗的肺部移植手術。

麻州公共衛生局菸草管制中心主任葛雷格‧康納利（Greg Connolly）負責統籌這波反菸公益廣告。他留意到潘恩‧拉芬，便詢問她願不願意公開分享她的故事。她同意了。

康納利說：「我們從以前的廣告得知，請真實人物來說故事是最有效的。」麻州公共衛生局拍攝了一系列三十秒的插播廣告，在《艾莉的異想世界》（Ally McBeal）和《戀愛時代》（Dawson's Creek）等熱門影集的廣告時段播出。廣告內容十分震撼，呈現拉芬奮力求生存，卻因為肺部失去功能而逐漸窒息的樣子。觀眾看著螢幕上的她歷經侵入性的支氣管鏡檢查，一端裝有鏡頭的管子插入嘴巴，推入肺部，廣告也展示她背上醜陋的手術疤痕。

另一支廣告則呈現拉芬兒時及長大成人後的照片，同時請她講述肺氣腫如何讓她的臉「浮腫」，而且「脖子也隆起」。

她說：「我一開始吸菸是為了看起來成熟，遺憾的是這成真了。」

這些廣告看了教人難受，也與《戀愛時代》那種輕鬆的肥皂劇形成刺眼的對比。「我們一點也不後悔讓菸槍們在震驚下醒悟。」

拉芬成為反菸運動的女烈士，她是 MTV 一部紀錄片的主角。疾病控制與預防中心將她的故事化為一則網路反菸廣告，還製作一部二十分鐘的衛教影片，片名是《我無法呼吸》（I Can't Breathe）。

她在二〇〇〇年十一月過世，那年她三十一歲，再過三週就要接受第二次肺部移植手術了。

聽完拉芬的故事後，你或許不驚訝她能成為有效的代言人。她無疑已經從個人經驗中學到了自己陳述的一切，她的故事強而有力。

另一個從反權威來源取得可信度的例子是紐約市的多伊基金會（Doe Fund），這個組織接納街友，也就是我們社會中的無名氏，透過諮詢、毒品勒戒，最重要的還有職業訓練，將他們轉化為有生產力的公民。幾年前，一個可望成為財務支持者的資助性組織派幾位代表參訪多伊基金會。多伊基金會請司機丹尼斯去接他們來總部辦公室。

丹尼斯在接受多伊基金會協助之前也是街友，在四十五分鐘的車程中，他向這些資助代表分享了自己的故事。

其中一位代表事後說：「我們可不是光坐在那裡聽一群董事告訴我們他們的服務多有效；丹尼斯就是多伊基金會能派出的最佳大使——他是真人實證。」

多伊基金會內部也運用相同的原則，每位街友參與計畫時都會有一位指導者，而這位指導者兩年前的處境也和他相同。

值得提醒我們自己的是，過去人們並不明白拉芬或丹尼斯能成為有效的權威。往前拉三十年，可能就不會出現類似拉芬的這類反菸廣告，而是由衛生局局長嚴詞講述吸菸的危險，或是請畢‧雷諾斯（Burt Reynolds）頌揚無菸生活的種種益處。

現代世界的公民在一波波訊息的浪潮下，已經開始學習質疑訊息的來源。訊息是誰發的？我應該信任他們嗎？相信他們會為他們帶來什麼好處？

一支宣稱新洗髮精能讓頭髮更有彈性的廣告，還不如你的閨蜜大談新洗髮精如何讓髮絲更有彈性來得可信。事實就是如此，那間公司想賣洗髮精給你，但你的朋友不然，所以她獲得較多信任。這裡的重點是，**消息來源的威信是來自他們是否誠實，是否值得信任，不是他們的地位。有時反權威人士比權威人士的效果更好。**

細節的威力

我們並不總是能找到替訊息背書的外部權威，大多數時候，訊息必須建立自身的威信，必須有「內在可信度」。 而內在可信度當然往往要看我們討論的話題是什麼：數學證明的威信，讀起來就和電影評論的威信不同。令人驚訝的是，建立內部可信度是有一些通用原則可循的，要見識這些原則的效用，我們可以再次看看都市傳說的例子。

「男友之死」是一個著名的都市傳說，講的是一對情侶在男友車裡約會。車子開到一條荒廢的路邊樹下，汽油到底了；女孩懷疑男友是裝的，其實他是別有居心，但不久就意識到車子是真的發不動了。男友決定走到最近的人家求救，要女孩在車裡待著。但他去了許久卻不見他回來，感覺像過了好幾個小時，這時女孩開始聽到車頂傳來詭異的刮擦聲，可能是低垂的樹枝刮車頂的聲音。坐立不安地等了幾個小時後，她終於決定走出車子察看，這時她才發現（要來點嚇人的音樂！），男友已經被殺，屍體就掛在車子上方的枝頭。風一吹動，他的腳趾就會刮響車頂。

這則傳說在人們口耳相傳下，不斷增添特定的細節。事情永遠是發生在某個特定地點，隨著流傳者的所在地不同，發生在全國各地的不同地點：「事情就發生在農場路一二一號。」「事情就發生在特拉維斯湖邊的懸崖頂。」民間傳說專家揚·布倫萬（Jan Brunvand）說，傳說「從在地化的細節中獲得了大量可信度，也加強了不少效果」。

人知道多少細節，往往很能代表他的專業多寡。請想想那種能信手拈來內戰趣聞的歷史迷，他們的威信便是從中建立的，具體細節不僅能為提供細節的權威增添可信度，也能增添概念本身的可信度。只要細節豐富有趣，任何人講起內戰軼聞都能取信於人，細節能讓主張具體可以觸及，似乎也就更真實可信。

陪審員與黑武士牙刷

一九八六年，密西根大學研究者強納森・謝德勒（Jonathan Shedler）與梅爾文・曼尼斯（Melvin Manis）設計實驗模擬一場審判。他們要求受試者扮演陪審員的角色，請他們閱讀這場（虛構）審判的文字紀錄。他們請陪審員評估強森太太適不適合當母親，判定她能不能繼續照顧她的七歲兒子。

在法庭紀錄中，正反兩方的辯詞分量相近：有八段不利強森太太的辯詞，八段有利強森太太的辯詞。所有陪審員都會聽到相同的辯詞，唯一的不同是，辯詞的細節多寡會有變化。在其中一個實驗組中，所有支持強森太太的辯詞都有生動細節，不利她的辯詞則沒有額外細節，相較之下乏味許多。另一組人收到的則相反。

舉一個有利強森太太的辯詞為例：「強森太太會注意要孩子先刷牙洗臉再上床。」另一個生動版本則加上細節：「他用的是星際大戰圖案的牙刷，看起來像黑武士的圖案。」

不利的一條辯詞則說：「強森太太沒有清理、也沒有照料好孩子手臂的擦傷，就讓他這樣上學，學校護士還得替他清理傷口。」另一個生動版本則添加細節，說明護士倒紅藥水清理傷口時，不小心染到了護士服。

研究者仔細分析具有生動細節和不具生動細節的辯詞，確保兩者的重要性相等——那些細節其實與強森太太適不適任母職的判斷無關。強森太太有沒有照料擦傷的手臂是重點，但護士在清理傷口時染到制服其實無關緊要。

但即使是不應該產生影響的無關細節，也產生了影響。讀到有利辯詞與生動細節的陪審員判斷強森太太是適任母親的分數（十分中得五・八分），高過讀到不利辯詞與生動細節，但認為強森太太適任母職的陪審員（十分中得四・三分），細節的影響深遠。

或許能令我們感到欣慰的是，這段差距不算太大（如果這位母親適

141

不適任的得分從八分掉到兩分，我們可能就要稍微擔心司法體系的公正性了）。然而，陪審員會依無關但生動的細節做不同判斷，這點是肯定的。問題是，為什麼細節能帶來不同？細節能加強辯詞的可信度。如果我的腦海裡會出現黑武士圖案的牙刷，就比較容易想像小男孩在浴室認真刷牙的樣子，進而加強了強森太太是個好母親的觀點。

我們從都市傳說與強森太太的審判中應該學到的是，生動細節能加強可信度，但應該還要加上這點：我們必須運用的是真實、核心的細節；我們必須辨識出和「黑武士圖案牙刷」同樣強而有力、同樣人性化，但更有意義的細節——能成為核心概念的象徵與支柱的細節。

二○○四年，兩位史丹福商學研究所教授會同藝術組織在華盛頓特區開設研習營。其中一項課業的目標是讓藝術領導人聚焦於其組織的永久原則，也就是他們無論碰到何種情況都不會妥協的原則。參加工作坊的其中一個組織是莉絲・勒曼舞蹈交流組織（Liz Lerman Dance Exchange, LLDE），這是「一間從事創作、表演、教學的舞蹈藝術家公司，讓人們投入藝術創作。」在研習營中，「勒曼舞蹈交流組織」的領導人主張，他們的一個核心價值是「多樣性」。

「得了吧，」其中一位覺得這話有誇張之嫌的教授嘲笑道，「人人都宣稱他們重視多樣性，但你們是舞團，你們的舞者多半是一群二十五歲、苗條高挑的年輕人，也許有些人是有色人種，但這樣就叫多樣性嗎？」不熟悉「勒曼舞蹈交流組織」的其他聽眾也點頭表示懷疑。

「勒曼舞蹈交流組織」的藝術總監彼得・迪慕羅（Peter DiMuro）的回應是舉個例子。「事實上，」他說，「我們公司裡待最久的成員是一位七十三歲的老先生，名叫湯馬斯・德威爾（Thomas Dwyer）。他整個職涯都奉獻給美國政府，直到一九八八年退休後才來到『勒曼舞蹈交流組織』，而且之前沒有任何舞蹈底子，現在他已經在這兒十七年了。」

七十三歲的湯馬斯・德威爾——這個細節平息了整屋子人的疑心，教授們罕見地說不出話來。

迪慕羅能迅速提出一個生動的例子來回應，有一個好原因，也就是多樣性確實是「勒曼舞蹈交流組織」的核心價值，那是「勒曼舞蹈交流組織」組織 DNA 的一部分。

二〇〇二年，莉絲・勒曼（Liz Lerman）因為在全美各地社區建立現代舞團的成就而獲得麥克阿瑟「天才獎」。在名為「哈里路亞／美國」的舞蹈計畫中，勒曼造訪各地社區，探尋居民對哪些事感恩，然後以那些頌揚的主題編舞。最後登台表演時，也是請當地社區成員來跳舞：明尼亞波里斯市的苗族少女、維吉尼亞州的邊境牧羊犬主人、來自佛蒙特州伯靈頓市的玩牌女士六人組，她們四十年來只錯過兩次她們的每週排戲。

對不以為然的懷疑論者來說，現代舞聽起來固然吸引人，但也沉悶得要命：不過，無論你週末會不會去看邊境牧羊犬主人轉圈跳舞，你都必須承認「勒曼舞蹈交流組織」的成員非常多樣。那是貨真價實的多樣性，不是說場面話而已。

湯馬斯・德威爾是七十三歲的退休公務員，他的例子生動具體地象徵著該組織的核心價值。對支持者與舞者本身來說，他都是一個象徵，沒有人想在參加「舞蹈計畫」時，發現整個舞台都是苗條美人，只有自己是禿頭的中年大叔。「勒曼舞蹈交流組織」宣稱多樣性是其核心價值的主張，從德威爾這個例子的細節中獲得了可信度，而且這不是外來的例子。

運用統計數字吸引注意力

運用生動細節是創造內在可信度的方法，能夠將可信度的來源編入概

念本身。另一個方法是利用統計數字。我們從小學就學到要用統計數字來證明自己的論點。但統計數字容易讓人目光呆滯，我們要如何運用統計數字，同時又能吸引聽眾的注意力？

一九八〇年代，傑夫・艾因斯科（Geoff Ainscow）和超越戰爭運動（Beyond War）的其他領袖決定設法傳達這個矛盾：我們看見小朋友拿著剪刀跑來跑去時，覺得危險怕出事，所以會喝斥他停下來，而我們從報上讀到關於核子武器的文章時，那些新聞頂多只會引人憂心片刻，但那可是能摧毀幾百萬名孩童的武器啊！

超越戰爭運動是一群對美蘇軍備競賽感到憂心的市民發起的運動。當時蘇聯與美國的核子軍火已經多到足以多次摧毀這個世界，超越戰爭運動的參與者挨家挨戶拜訪鄰居，希望激起公眾發出反對軍備競賽的吶喊。他們相信軍備競賽已經失控，問題是要如何讓大眾接納這個信念，你要如何使人們明白，這世界儲備的核子武器具有毀滅性的驚人威力？這件事太摸不著邊際、太遙不可及了。不過，說故事或提供細節似乎也不夠：要理解核子軍備競賽有多恐怖，就要先理解其規模有多大。而談規模就要看數字。

超越戰爭運動會安排「家聚」，也就是讓一家人作東邀請一群朋友和鄰居來，也請超越戰爭運動的代表來和大家談話。艾因斯科回憶團隊在談話中使用的簡單示範：他每次都會帶一個金屬桶去參加聚會。談話到適當的時刻，他就從口袋中拿出 BB 彈扔進空桶裡！BB 彈在桶裡彈跳、最後落定的聲音很響。這時艾因斯科會說：「這就是廣島原子彈。」接著，他會花幾分鐘描述廣島原子彈造成的慘況：幾英里內的建築物遭夷平，數萬人當場死亡，更多人因此燒傷或產生其他長期的健康問題。

接著，他會多投十顆 BB 彈到桶子裡，響聲更大也更混亂了。「這就是美國或蘇聯的一艘核子潛艇上的導彈火力。」他說。

最後，他請在場的人閉上眼睛。他說：「現在聽到的是目前全球的核

子武器軍火量。」然後他把五千顆 BB 彈倒進桶裡（每一顆代表全球的一個核子彈頭）。那陣聲響令人心驚肉跳，甚至駭人。「BB 彈的聲響縈繞不去，」艾因斯科說，「隨後，屋內總是一片死寂。」

這種方法巧妙傳達了統計數字，讓我們稍微解說一下。首先，超越戰爭運動的核心信念是：「公眾需要甦醒，出力遏止軍備競賽。」其次，該組織成員確認他們訊息中的意外成分：人人都知道全球的核子武器從二戰以來持續增加，但沒有人明白已經成長到何種規模。第三，他們有統計數字可以增加其信念的威信，亦即全球有五千顆核子彈頭，而只要一顆就足以摧毀一座城市。不過問題出在，「五千」這個數字對人們沒有什麼意義，癥結是要讓這個龐大的數字變得有意義。最後，他們決定進行那場示範，桶子和 BB 彈為本來抽象的概念增添了感官向度。再說，那場示範是精心籌劃的——BB 彈是武器，BB 彈敲擊桶子的聲響有一種恰到好處的威嚇性。

請留意這裡違反直覺的成分：統計數字不會產生黏性，不可能產生黏性。看過這場示範的人，一週後沒有人會記得這世上有五千顆核子彈頭。

會留下印象的是內心對巨大危險突然升起的警覺——二戰時期的原子武器，已經大幅擴增到今日的全球軍備規模。核子彈頭是幾顆都不重要，要緊的是當頭棒喝，讓人打心底明白問題已經失控。

這是有效運用統計數字最重要的一點，統計數字本身產生不了什麼意義，要使用統計數字，應該且幾乎一定要建立關聯。**讓人記得那種關聯，比記得數字更重要。**

人性化尺度原則

另一種讓統計數字變生動的方法是放進更人性、更日常的脈絡。

舉一個科學的例子來說明，請對照以下這兩句話：

1. 近來科學家為一項重要的物理限制計算出了精確無比的結果。那種精確度就好比從太陽投一顆石子到地球，只差三分之一英里就正中紅心。

2. 近來科學家為一項重要的物理限制計算出了精確無比的結果。那種精確度就好比從紐約投一顆石子到洛杉磯，只差三分之二英寸就正中紅心。

哪段描述的結果更精確呢？

你或許已經猜到了，兩段話的精確度是一模一樣的，但找不同人來評估這兩段話時，有百分之五十八的人認為從太陽到地球的那個數字「非常令人難忘」，而認為從紐約到洛杉磯那個數字令人難忘的人卻高達百分之八十三。

我們沒有人親身體驗或感受過從太陽到地球的距離有多遠，從紐約到洛杉磯的距離反倒具體得多（不過老實說，離具體也差得很遠。問題是如果你要拿足球場來讓那段距離變得具體，那精確度就變得不具體了。「從足球場一頭扔石子到另一頭，只差三‧四微米便能擊中紅心」無法幫助我們理解那種精確度。）

史蒂芬‧柯維（Stephen Covey）在《第八個習慣》中描述過一項針對多間公司與企業的兩萬三千名員工所做的調查。報告調查的結果如下：

● 只有百分之三十七的人說，他們清楚了解公司想達到哪些目標、原因何在。

● 五個人當中，只有一個人對其團隊和公司的目標懷有熱忱。

- 五個人當中，只有一個人說他們可以「清楚看出」自己的職責如何
  關乎團隊與公司的目標。
- 只有百分之十五的人覺得公司能放手讓他們執行關鍵目標。
- 只有百分之二十的人完全信任自己效力的那間公司。

　　這是實事求是的分析，不過也滿抽象的。看完這些數據後你可能會想：
「大多數公司都有很多令人不滿意和困惑的地方。」

　　接著，柯維為這些數據加上了非常人性化的比喻。他說：「如果說，
這是從一個足球隊得出的數據，十一位球員中只有四位上場時知道球門在哪
裡，十一位球員中只有兩位在乎這回事，十一位球員中只有兩位知道自己踢
什麼位置，也確切知道自己的職責是什麼。就某方面來說，除了這兩個球員
之外，整支球隊都是在扯自己後腿，不是和對手較量。」

　　足球的比喻為統計數字帶來人性化的脈絡，創造了戲劇感與動作感。
我們禁不住想像這兩位球員想射門、但每前進一步就被隊友絆倒的樣子。

　　這個比喻為什麼有用？因為運用了我們心中足球隊的基模，而這個基
模多少比公司的基模更清晰，定義更明確。比起公司行號，我們更能生動想
像足球隊缺乏團隊合作的樣子，因為在足球隊中，團隊合作比什麼都重要。
而這正是柯維的重點：公司應該像團隊一樣運作，但事實卻非如此。將統計
數字人性化，能加強論點的力道。

　　再舉人性化尺度的另一個例子，這次是個乏味的情境：思考值不值得
花錢進行某項技術更新。思科系統（Cisco）必須決定要不要為員工添購無
線網路，維修無線網路的費用預計是每年每位員工五百美元，聽起來所費不
貲——接近為所有員工保牙齒或視力險的費用。但那不是給員工的福利，而
是投資。所以，你要如何計算一項投資的價值？你得確知增添無線網路後，
每年能不能從每位員工身上獲得五百零一美元的額外收益。

一位思科員工想出了思考這項投資的好方法：「如果你相信，你可以增加每天每位員工一到兩分鐘的生產力，那無線網路的投資就是值得的。」從這項尺度來評估投資，事情就簡單多了。我們的直覺是在這個尺度下運作。我們可以輕易模擬無線網路每天為員工省下幾分鐘的情境——比方說，可以在重要會議中要求某人送來一份忘了拿來的文件。

統計數字並不是天生就有效；是人性化的尺度與脈絡讓數據奏效。無線網路能不能從每位員工身上獲得每年五百美元的邊際價值，不是人人都能憑直覺理解，但找出正確的尺度可改變一切。我們已經看見具體性如何讓現有知識派上用場——還記得惠普在迪士尼樂園模擬一個家族的例子嗎？同樣的，人性化尺度原則也讓我們能憑直覺評估一個訊息的內容是否可信。

統計數字用來表示關聯的時候，是加強內在威信的好來源。在本書前言中，我們討論過公共利益科學中心如何設法抵制充滿飽和脂肪的戲院爆米花。相關的統計數字是，一袋中型包裝爆米花含有三十七克的飽和脂肪，那又如何？這樣是好還是壞？

公共利益科學中心的阿特‧希爾弗曼聰明地將爆米花的飽和脂肪含量放在相關脈絡中比較。他說一袋爆米花的飽和脂肪含量，相當於一天三餐都吃不健康食物累積下來的飽和脂肪量，希爾弗曼知道，大多數人會因為這項發現大驚失色。

萬一希爾弗曼沒有那麼老實呢？他大可以選一種有不健康的惡名但飽和脂肪很低的食品來比較，例如棒棒糖。「一袋爆米花的脂肪含量，相當於七十一萬兩千根棒棒糖的脂肪含量（或是無限多根棒棒糖，因為棒棒糖根本不含脂肪）！」這個統計數字不老實是因為，它是利用了不同種類的不健康食品來比較，手法不正當。為了報復，不老實的戲院主管也可以把比較的項目從飽和脂肪改成玉米的其他正面特質：「一袋爆米花含有的維他命 J，相當於七十一磅的花椰菜！」（這是我們杜撰的）

這些可能性顯示了為什麼寫到統計數字時，我們會心生焦慮，特別是在政治領域，統計數字為人數不明的倡議者帶來了有利可圖的工作機會。道德有缺陷但擅長分析的人，只要扭曲幾分事實，幾乎就能拿每組統計數字來做文章。

當然，我們也要記得，不提統計數字比提統計數字更好說謊，數字會強加界限。除非下流到捏造數據，否則數據的事實還能發揮牽制的功能，那是好事，但還是留下了許多上下其手的空間。

那我們其他人又如何？我們又不是政治公關專家，會怎麼做呢？我們還是會忍不住朝統計數字最好的那一面看，人人都是如此。「我今晚為教會的籃球隊贏得十六分！」（沒提的是：我漏了二十二球，最後輸了球賽）。「我身高五呎六吋。」（沒提的是：我穿了三吋高的鞋）。「今年的收益增加了一成，所以我想我應該加薪。」（沒提的是：利潤停滯不前）。

提到統計數字，我們的最佳忠告是要當成內在的力量，不是外在的武器。請用統計數字協助你決定你在一個議題上的立場，不要決定了立場後再尋找數字來支持你的立場——那是飛蛾撲火，自找麻煩。但如果我們是用統計數字來協助我們做決策，就能與他人大方分享這些關鍵數據，傑夫・艾因斯科和超越戰爭運動的支持者便是如此。

案例分析

大白鯊追蹤熱

情況　每過幾年，媒體就會瘋狂追逐鯊魚攻擊事件。然而，鯊魚攻擊事件始終少之又少，每年也沒有什麼不同。那為什麼會吸引這麼多媒體和大眾關注？答案是，鯊魚攻擊事件會滋生噩夢般縈繞不去的駭人

案例分析

故事，《歐普拉‧溫芙蕾秀》（The Oprah Winfrey Show）說的這則故事就是其中之一：

歐普拉：貝瑟妮‧漢密爾頓（Bethany Hamilton）喜歡衝浪。她從八歲起每天衝浪，是無人不知的高手，人們都說她的血液裡流的是海水。早在十三歲，貝瑟妮就是衝浪界的新星，在當地頗富盛名，但她後來的遭遇也讓她成為世界各地的報紙頭條。

事發當天清晨，貝瑟妮躺在海邊的衝浪板上，任手臂在水裡漂動。突然，一隻十五英尺長的虎鯊游過來咬住她的手臂。牠猛烈撕咬，從她纖細的身子硬生生扯下她的右臂。幾秒後，鯊魚帶著她的整條手臂離開，把貝瑟妮孤零零地留在衝浪板上，四周滿是血水。

想像你正陷入不得不與這些生動故事搏鬥的處境，也許你是拯救鯊魚基金會的公關長，或是你想說服就讀國中的女兒到海邊玩很安全，你要怎麼做？你知道真相是鯊魚攻擊事件少之又少，但還是難保別人不相信你，你要借助哪種威信來源，讓人們相信你？

❁ ❁ ❁

訊息一 我們依據佛羅里達自然史博物館發布的統計數字寫成這則訊息：比起被鯊魚攻擊，甚至因而喪命，你更有可能在有救生員的海中溺斃。二〇〇〇年，美國有十二人在有救生員駐守的海邊喪命，受鯊魚攻擊而死亡的案例是零（往年也僅有〇‧四位死者）。

分析一 這則訊息可以過關，但不算優秀。訊息內容採用了內在可信度——也就是統計數字不可動搖的威信。我們有兩點評語：首先，溺斃似乎不是正確的比較對象，因為很多人認為溺斃是常見死因。「溺斃比鯊魚攻擊更常見」感覺並不特別令人意外（還有，

也許我們疑心病重了點，但大學生救生員的在場從來不會讓我們覺得是安全的鐵證）。此外，十二比〇·四的死亡人數對照很好，但就人性化尺度來說並不特別生動或有意義。一個禮拜後，應該沒有人會記得這個數字。

訊 息 二 這項訊息也是以佛羅里達自然史博物館的統計數字為依據：

你比較可能因為哪種動物喪命？
鯊魚　鹿

答案：鹿比較可能令你喪命。事實上，因為鹿死亡的人數（撞上你的車），是受鯊魚攻擊而死亡的人數的三百倍。

分 析 二 我們欣賞「小鹿斑比較邪惡鯊魚更危險」這個出人意料的概念，更教人意外的是，小鹿斑比的危險性高得驚人（致命程度是鯊魚的三百倍！）簡直荒謬得引人發笑，而幽默可以善加調劑鯊魚攻擊故事引起的恐懼。就某個意義來說，我們是以情緒聯想來抵抗情緒聯想（見下一章）。

這則訊息採用了統計數字的內在可信度，但聽眾也成為其可信度的來源。聽眾裡有人知道他們開車出遊時有多害怕碰上鹿——其實不怎麼害怕，我們很少人會因為怕碰見鹿在街上遊蕩而不敢在夜裡出門。我們知道自己不怕鹿，那又何必怕鯊魚呢？（這比拿鯊魚攻擊事件和溺斃來相比還有效，畢竟我們大多數人還是有點怕溺斃）。

案例分析

記分

清單	訊息一	訊息二
簡單	√	√
意外	-	√
具體	√	√
可信	√	√√
情感	-	√
故事	-	-

關鍵要點 我們使用統計數字時，愈不仰賴實際數字愈好。數字會告訴我們底下的關聯，但要顯現出那層關聯，有比引用數字本身更好的做法。拿鹿來與鯊魚相比，效果就像艾因斯科扔 BB 彈到桶子裡。

如果能在這裡成功，到哪裡都無往不利

我們已經看到要如何運用強而有力的細節或統計數字，從內向外提升概念的可信度。第三個加強內在可信度的方法是運用某種類型的例子，這類例子要通過我們所謂的辛納屈關卡（Sinatra Test）。

在法蘭克・辛納屈（Frank Sinatra）的經典名曲〈紐約，紐約〉中，他高唱在紐約市展開的新生活，副歌裡他唱道：「如果我在這裡能成功，到哪裡都無往不利。」當例子本身足以在一個特定領域建立威信，那就是通過了辛納屈關卡。舉例來說，假如你獲得了美國軍事基地諾克斯堡（Fort Knox）的保全業務，你獲得其他地方保全業務的機會也會大增（就算你沒有其他客戶）；如果你成功為白宮辦好一場宴會，就可以去爭取任何其他地

方的宴會合約。這就是辛納屈關卡：如果你能在這個地方成功，到哪裡都無往不利。

印度一間家族企業順風物流（Safexpress）便懂得善加運用辛納屈關卡。順風物流的主要業務是貨運，這行的競爭很激烈。除了競爭導致價格偏低，還有一個麻煩是：多數貨運公司無法保證能安全、準時地送達貨物。有些公司甚至無法向你保證貨物一定會送到。

為了讓公司在競爭中脫穎而出，順風物流向顧客保證能安全、準時地送達貨物。在印度設點的國際公司因為習慣了 FedEx 的那種可靠性，所以立刻接納了順風物流。但該公司卻很難搶到印度公司的業務，因為他們不習慣支付更高的運費。順風物流的創始家族成員魯伯爾‧簡恩（Rubal Jain）決心大舉進攻印度公司。

為了成功，簡恩立下目標，要讓一間寶萊塢大片廠成為客戶。但簡恩提議由順風物流來發行片廠的電影時，得到的反應卻是：「你在說笑嗎？」

片廠的疑心是可以預期也是合理的。盜版在印度是一大問題，就和在世界其他國家一樣，因此發行的任務至關緊要。如果電影在途中「走錯地方」，幾週後就會出現私錄的版本，這種風險不是片廠擔得起的。

所幸簡恩已經備好了強而有力的保證。順風物流經手過《哈利波特》第五集的發行——每一本《哈利波特》都是由順風送進印度的每一間書店，那可是萬分複雜的送貨經驗：所有書本都必須在新書發行當天的早上八點抵達書店。不可以太早，不然書店老闆會太早開賣，祕密就守不住了；也不能太晚，否則書賣得少會激怒書店老闆。此外，《哈利波特》的書也需要像片廠的電影一樣防盜版——不能有半點外流。

簡恩還有另一個故事。他從先前的一場交談中得知，寶萊塢片廠經理的一個弟弟，最近剛好參加高中大考。說完運送《哈利波特》的故事後，簡恩接著提道：「順帶一提，我們也為你弟弟參加的大考安全地送達了試卷，

又安全地送回了答案卷。」順風物流也負責收送所有高中與大學的入學大考試卷。

兩個月後,他們簽下交易合約。

簡恩的兩則故事都通過了辛納屈關卡。簡恩大可以使用統計數字而不是故事:「我們的準時送達率高達百分之九十八‧八四。」他也可以引用外部來源建立可信度,例如一家跨國公司執行長的推薦函:「我們請順風負責公司在印度的所有物流事宜,順風的服務非常出色。」兩者都是加強可信度的好方法,但負責運送大考結束後的試卷和最新出版的《哈利波特》有特殊的意義,兩個例子的威信都是來自具體性,不是統計數字或外部權威。這些故事讓你認為:「如果順風能在這裡成功,到哪裡都無往不利。」

安全到可食用的織品

細節、統計數字、辛納屈關卡──我們可以從威廉‧麥唐納(William McDonough)身上,找到結合三種「內在可信度」來源的例子。麥唐納是以協助公司行號改善其環境與環保基線著稱的環保人士。

大多數執行主管碰上環保人士時,都容易疑心重重,即使是像麥唐納這種「對企業友善」的環保人士也不例外。為了克服這種疑心,證明企業目標與環保目標可以並行不悖,麥唐納道出了一個通過辛納屈關卡的故事。

那個故事是這樣的。一九九三年,製作鋼殼椅面織物的瑞士織品製造商羅納織品(Rohner Textil)請麥唐諾和化學家麥克‧布朗嘉(Michael Braungart)協助他們達到紡織業大多認為窒礙難行的使命:建立一個不使用有毒化學原料的製程。

紡織業處理有毒化學原料是司空見慣的事。大多數染料都含有毒性成

分。事實上，羅納織品的碎布，也就是椅面用不到的多餘布料，含有的有害化學物質之多，連瑞士政府都把它歸類為危險廢棄物。此外，這些碎布不能在瑞士掩埋或焚燒，為配合政府規定，必須出口到西班牙等規定較寬鬆的國家處理（請留意這裡生動具體的細節）。麥唐諾說：「如果你的碎布據稱是危險廢棄物，但你可以販售用這種布包起來的產品，那你不需要成為火箭科學家，也知道你賣的是危險廢棄物。」

為了處理這個從家具製程中消除有毒化學成分的問題，麥唐諾必須從化學工業找出願意合作的夥伴。他提供給羅納織品的化學材料來源必須是乾淨的，能滿足公司的生產需求。因此，他和布朗嘉開始接觸化學工業的主管。他們說：「我們想確保未來所有產品都像小兒科的藥品一樣安全，我們希望自己的孩子嘴巴含著它也能健康長大，不會因此生病。」

他們請化學工廠打開型錄，談論製造化學材料的過程。麥唐諾告訴那些公司：「請不要告訴我們那些材料是『有專利而合法的』，如果我們不知道成分是什麼，就不會去用。」有六十家化學公司拒他們於門外。最後，終於有一個人點頭了，那是汽巴嘉基（Ciba-Geigy）的總裁。

麥唐納與布朗嘉研究了紡織業常用的八千種化學材料。他們以同一組安全標準衡量每種化學材料。在他們測試的化學材料中，有七千九百六十二種沒有通過測試。於是只剩下三十八種可用，但依據麥唐納的說法，那三十八種是「安全到可以食用」的化學材料（請留意這裡的具體細節：「安全到可以食用」加上統計數字建立起了關聯——這少數幾種優良的化學材料，是從一大堆有毒化學材料中挑選出來的）。

了不起的是，他們只運用那三十八種化學材料，就創造出了全套的織品，除了黑色，其他顏色一樣也不缺。他們選擇的織物是以天然材質製成——羊毛和稱作苧麻的植物纖維。生產過程上線後，瑞士政府派人來檢查從工廠排出的水，確保其化學排出物在合法限度內。「起初，督察員以為他

們的設備壞了。」麥唐納說，「儀器偵測不到水裡有任何物質。後來，督察員測試流進工廠的水，也就是瑞士的飲用水，他們發現設備沒事。」他接著說：「那些織品在製程中已經進一步濾過水了。」

麥唐納的新製程不僅更安全，成本也更低廉，製造成本減少了兩成，省下的錢有一部分是來自處理有毒化學物質的麻煩與費用。員工們不再需要穿防護衣，碎布也不再需要送到西班牙掩埋，而是轉製成毛氈，賣給瑞士農人和園丁當成作物的隔熱材料。

這個故事令人印象深刻。想想所有令人難忘的成分：不可能的任務，從八千種化學材料中只選用三十八種材料，工廠的水變得乾淨到瑞士政府派員檢查時還以為儀器壞了，碎布從危險廢棄物變成作物的隔熱材料，採用「安全到可以食用」的織物這個概念。企業成果更是皆大歡喜：員工們的工作環境更安全，成本也減少了兩成。

如果麥唐納接觸任何行業的任何一間公司，提出對環境更友善的製程，這則故事可以大幅提升他的可信度，輕易就越過了辛納屈關卡設下的障礙。

到目前為止，我們談到了如何引用外部來源（權威和反權威）來創造威信，也討論了如何從訊息本身的內部創造威信，運用細節、統計數字，也運用能通過辛納屈關卡的例子。但還有一種可信度來源我們尚未討論到。那可能是威力最大的可信度來源。

突顯產品真實的優勢

一九八四年的溫娣漢堡（Wendy's）廣告是歷來最出色的電視廣告。第一支廣告呈現三位老太太一起站在櫃檯前。櫃檯的淺盤裡有個漢堡，三人張口結舌地望著，因為那個漢堡很大——直徑約一英尺（約三十點五公分）。

「確實是很大的漢堡。」左方的女士說。

「非常大的漢堡。」中間的女士附和道。

「又大又鬆軟的漢堡。」第一個女士說。

「非常大又非常鬆軟⋯⋯」

中間的女士拿起上層麵包時，她們停了下來，因為裡面是一片薄得可憐又煎得太老的牛肉餅和一片醃黃瓜。麵包的碩大讓醃黃瓜看來小得可憐。

這時我們頭一次聽到右方的女士開口，她是由八十歲的克拉拉·佩勒（Clara Peller）飾演。戴眼鏡的她瞇著眼睛不悅地說：「牛肉在哪裡？」

旁白說：「有些漢堡店在鬆軟的漢堡皮中，只給你一點點牛肉⋯⋯」

佩勒：「牛肉在哪裡？」

旁白：「溫娣漢堡的單層牛肉堡擁有比華堡或大麥克更多的牛肉。在溫娣漢堡，你獲得更多的牛肉，更少的漢堡皮。」

佩勒：「嘿！牛肉在哪裡？」她邊說邊彎身查看櫃檯後方。「我想那後面沒人。」

這些廣告有很多讓人喜愛的地方。廣告本身很有趣，製作優良，克拉拉·佩勒也因此變得小有名氣。更值得注意的是，這些廣告確實突顯了溫娣漢堡的一項優勢：牛肉真的比較多。

這些令人耳目一新的廣告，脫離了以強烈但無關緊要的情緒描繪消費性商品的標準廣告手法：例如，把母親對孩子的愛連上某個品牌的衣物柔軟精。溫娣漢堡的成功更令人欣賞：廣告突出了其產品的真實優勢，呈現的方式也令人愉悅。

那波廣告帶來了驚人的成效。依據溫娣漢堡的調查，相信溫娣的單點漢堡比華堡或大麥克還大的顧客，在廣告播出後的兩個月中增加了百分之四十七。那波廣告播出滿一年後，溫娣的利潤增加了百分之三十一。

溫娣漢堡的主張是，他們的漢堡有比較多牛肉。大多數人過去可能不

曾深思過這件事,顯然這不是眾所周知的常識,那麼溫娣漢堡是怎麼增加這個主張的可信度的?

請留意這裡起作用的是不同的元素。這個訊息不是從外部取得可信度——溫娣漢堡沒有請 NBA 職籃運動員賴瑞・柏德(Larry Bird)來評估漢堡大小(也沒有運用像肥胖的漢堡巨人這樣的反權威)。溫娣漢堡也沒有從內部建立威信,例如引用「牛肉多了百分之十一!」這類統計數字。相反地,那波廣告開發了一個嶄新的可信度來源:觀眾。溫娣漢堡將威信交給顧客來衡量。

那波廣告暗地要顧客去確證溫娣漢堡的主張:你自己去看,我們的漢堡是不是比麥當勞的漢堡有更多牛肉。大小一比就知道了!用科學語言來說,溫娣漢堡提出了一個可以證實真偽的主張。只要拿出尺和秤,任何一個顧客都可以確證那個主張的真實度(不過溫娣漢堡的優勢不小,只要用眼睛就看得出不同了)。

這項邀請顧客親自測試其主張正確與否的挑戰,是一種「可測試的憑據」(testable credential)。可測試的憑據能大幅提升可信度,因為你的觀眾可以「先試再買」。

可測試的憑據

可測試的憑據在都市傳說中有一段多采多姿的歷史。一九九〇年代,思樂寶飲品(Snapple)努力甩開該品牌支持三 K 黨的謠言。造謠者認為他們手上有幾個支持其說法的「證據」:「看看思樂寶的瓶子,正面就是一艘奴隸船的圖片!」他們也鼓勵別人如果懷疑,可以去找找有沒有一個圓圈圍著 K 的奇怪符號,據稱那證明思樂寶已經被三 K 黨買下。

　　思樂寶的商標確實有一張船的圖片和圓圈圍著 K 的符號，只是和三 K 黨根本無關。船的圖樣是來自波士頓茶黨的一幅雕版畫，圓圈和 K 的符號則是「潔食」（kosher）的符號，但有些不明就裡的人看見這些符號，就相信了謠言。

　　請留意思樂寶謠言提供的是「牛肉在哪裡？」的「掛羊頭賣狗肉」版本。溫娣說：「你親眼看看——我們的漢堡有比較多牛肉。」造謠者則是說：「你親眼看看——有一個圓圈包圍 K 的符號。所以說，思樂寶支持三 K 黨。」「你親眼看看」這個主張的正當性，導致有些人會順理成章地跳到造謠者的結論，這也就是為什麼可測試的憑據也會招來反效果——「你親眼看看」的步驟可能是正當的，但最後的結論卻可能完全不正當。

　　可測試的憑據在許多領域都管用。例如：「你現在的日子比較好過，還是四年前的日子比較好過？」雷根在一九八〇年與卡特進行總統政見辯論時，提出了這個著名的問題。雷根大可以聚焦於統計數字，說明通貨膨脹率居高不下，失業率攀升，利率變高，但他沒有直接端出數據，而是交給聽眾去判斷。

　　另一個可以測試憑據的例子則來自正向教練聯盟（Positive Coaching Alliance, PCA）創辦人吉姆・湯普森（Jim Thompson）。正向教練聯盟的宗旨是強調，青年運動競賽不應該是不擇手段取勝，而是學習人生課題。

　　正向教練聯盟為青年運動教練開設正面教練班。在課堂上，訓練者以「情感槽」（emotional tank）的比喻讓教練思考如何拿捏讚美、支持、批評回饋的正確比例。「情感槽就像車子的油箱。如果油箱空了，就開不了多遠。如果你的情感槽空了，就無法發揮最佳的自我表現。」

　　介紹過情感槽的比喻後，訓練者便開始進行練習。首先，他們會請教練們想一想，如果坐在他隔壁的人才剛搞砸一場重要比賽，他要說什麼來耗空他的情感槽。由於體育交流多半少不了尖牙利嘴地損人，看得出來教練

們很熱中這個練習。湯普森說：「教練們開始練習後，整個課堂笑聲不斷，有時更創意十足。」

接著他們請教練們想像有人犯下同樣的錯誤，但這次他們得負責填滿而不是耗空他的情感槽。這回他們的反應安靜多了。湯普森說：「通常教室會變得鴉雀無聲，最後好不容易才聽見有人小聲地說：『做得不錯！』」

觀察到自己的行為後，教練們學到了教訓——要批評比去支持容易多了，他們可以想出十句巧妙的侮辱，卻想不出一句安慰的話。湯普森發現的方法，可以將他的重點化為可測試的憑據，讓教練們親身體會。

案例分析

我們的直覺是有缺陷的，但誰願意相信這點呢？

情況 人往往相信自己的直覺，但我們的直覺是有缺陷的，其中包含著不難辨認的偏見。不過，大多數人還是對自己的直覺沾沾自喜，旁人很難扭轉他們的想法。心理學家研究決策時，便面對著這一大障礙。請假設你是心理學入門書的編輯，正在比較「現成偏誤」（availability bias）這個概念的兩種解釋孰優孰劣。

訊息一 請做幾項預測。以下哪個事件會令更多人喪生：殺人還是自殺？洪水還是結核病？龍捲風還是氣喘？請花一秒鐘思考答案。

你可能會覺得殺人、洪水和龍捲風比較常見。人們通常會這麼想。但在美國，自殺的死亡率比殺人高出百分之五十，因結核病死亡的人數比洪水多九倍，因氣喘喪命的人更比龍捲風多出八十倍。

那為什麼人預測不出來？因為他們有現成偏誤。現成偏誤是一種天生傾向，導致我們在評估特定事件的發生率時，是以記憶中那個事件有多常出現來判斷。我們直覺認為，比較容易記住的事件，就比較容易發生，但是我們記得的事情，往往不是這世界的實情。我們容易記得某些事，是因為這些事喚起了更多情緒，不是因為其發生頻率較高。我們容易記得某些事，是因為媒體花較多時間報導這些事（也許是因為這些事提供了更多生動影像），而不是因為這些事較常見。現成偏誤可能會讓我們的直覺誤入歧途，促使我們把不尋常的事想成尋常，把不可能的事想成可能。

分析一 這段文字運用了簡單但有效的可測試憑據：你認為哪種狀況取走的性命較多？幸運的話，讀者至少會在一項預測上出錯，因而親自體驗到現成偏誤的事實。

訊息二 這是另一段說明現成偏誤的文字，典型的入門教科書說明即如此：現成偏誤是一種天生傾向，導致我們在評估特定事件的發生機率時，是以記憶中那個事件有多常出現來判斷。我們直覺認為比較容易記得的事也比較容易發生，但記得的往往不是這世界的實情。例如，奧勒岡大學的研究者在研究中發現，受試者以為殺人的死亡率比自殺高出百分之二十，但事實是，自殺造成的死亡率比殺人高出百分之五十。受試者以為洪水取走的性命比結核病多，但其實結核病取走的性命比洪水高九倍。受試者相信龍捲風和氣喘的致死率差不多，但氣喘的死亡人數足足是龍捲風的八十倍。人比較容易記得某些事，是因為這些事喚起了較多情緒，而不是

案例分析

因為其較常發生。人比較容易記得某些事，是因為媒體花較多時間報導這些事（也許是因為其提供了更生動的影像），而不是因為這些事較常見。現成偏誤可能會讓我們的直覺誤入歧途，促使我們把不尋常的事想成尋常，把不可能的事想成可能。

分析二 這段文字比較不吸引人。你可以想像學生讀到第二段（這裡的重頭戲是，氣喘取走的性命是龍捲風的八十倍）時會想，哇，那些研究受試者好笨喔，不如自己親身體驗那種效果才更有力。

記分

清單	訊息一	訊息二
簡單	√	√
意外	√	-
具體	√	√
可信	√√	√
情感	-	-
故事	-	-

關鍵要點 運用可測試的憑據，可以讓人親身體驗概念。

NBA 的妙計

讓我們轉到另一個不同的體育領域吧：國家籃球協會（National

Basketball Association, NBA）。假設你的工作是教剛進 NBA 的菜鳥認識愛滋病的危險。NBA 球員都是年輕男性——菜鳥往往不到二十一歲，他們一夜之間成了名人，目光從四面八方湧到這個新人身上。他們這輩子已經聽過不少愛滋病的事，所以風險不是他們不知道愛滋病的存在，而是他們的人生境遇容易降低他們對一夜情的防備心。

你要怎麼讓他們相信愛滋病的威脅是可信且近在眼前的？請思考可以引用哪些可信度的來源。你可以引用外部權威，如魔術強森（Magic Johnson）這樣的名人或專家，或者是反權威，例如在愛滋病末期的運動員。你也可以運用人性化尺度下的統計數字（比如提到與陌生人一夜情罹患愛滋病的機率）。你還可以運用生動的細節——請一位運動員描述他對安全性行為的正常警覺如何因為某一晚的瘋狂派對而喪失。以上方法都十分有效。但萬一你想引用內部權威怎麼辦？要如何進入運動員的腦海？NBA 想出了一個妙計。

NBA 球季開始前的幾個禮拜，所有菜鳥球員都必須在紐約柏油村（Tarrytown）接受義務訓練。基本上他們得關在飯店裡六天：不能使用呼叫器，也不能打手機。NBA 會教菜鳥們了解在大聯盟打球的人生課題——從如何應對媒體，到如何理智運用他們剛到手的錢去投資等，一應俱全。

有一年，儘管經過保密，還是有一群女粉絲在他們訓練的地點守候。訓練的第一晚，她們穿著惹火在飯店酒吧和餐廳閒蕩，球員們很開心受到矚目。他們打情罵俏，球員們計畫幾天後和其中一些女性碰面。

隔天早上，菜鳥們盡職地在訓練中露面。他們驚訝地發現，那些女粉絲竟然出現在講台前。她們再度逐一自我介紹：「嗨，我是席拉，我是 HIV 陽性患者。」「嗨，我是多娜，我是 HIV 陽性患者。」

突然之間，那些關於愛滋病的討論浮上菜鳥球員的腦海，他們看見人生有可能因此突然失控，一夜情可能導致他們終生懊悔。

　　把 NBA 的方法拿來與美式足球聯盟（National Football League, NFL）的方法比較。有一年菜鳥訓練，美式足球聯盟人員要所有球員把保險套套進一根香蕉，球員們大翻白眼。接著，兩個曾是足球隊粉絲的女子上前談她們以前如何引誘球員，希望藉此懷孕，那些女子的現身說法很有效——訊息傳遞得很完整。但哪一種方法比較令人印象深刻呢——聽見別人如何愚弄他人，還是自己遭受愚弄？

　　我們要如何讓人相信我們的概念？必須找出能夠引用的威信來源。有時可以引用的來源少之又少，如巴里・馬歇爾在尋找潰瘍療方時，就發現引用外部威信不管用——有上級和他在珀斯的機構背書似乎仍不夠，引用內部威信也沒有效力——他嚴謹安排的數據與細節並沒有協助他清除障礙。最後，他引用了觀眾的威信——吞下一杯細菌的舉動，本質上是在「效法」可測試的憑據。其中隱含的挑戰是：你自己親眼看看，如果你喝下這杯髒東西，就會和我一樣出現潰瘍。

　　我們要引用哪種可信度來源，並不總是一清二楚。馬歇爾精彩展現出了百折不撓的精神——他知道什麼時候要引用不同的來源。在本章，我們見到了最醒目的可信度來源，即外部的證明和統計數字，未必總是最好的來源。幾個生動活潑的細節，也許比統計數字的轟炸更有說服力，反權威也可能比權威有效。透過辛納屈關卡的一則故事，也可能化解比山還高的疑心。如馬歇爾這樣的醫學天才也必須和我們一樣，為他的概念跨過重重障礙，確保最終能讓世人接納，為全人類的福祉服務，這是給我們的一大啟示。

情　感

德蕾莎修女（Mother Teresa）曾說：「如果我看到的是一群人，那絕不會行動。如果我看到的是一個人，我才會。」二〇〇四年，卡內基美隆大學的一群研究者決定檢視大多數人的行動是不是都和德蕾莎修女一樣。

研究者想知道人們有機會捐款時，是會捐給抽象目標，還是某個具體人物。他們給受試者五美元完成一項關於使用各種科技產品的調查（調查本身無關宏旨，重點是確保受試者手邊有現金可以考慮慈善捐款）。

人們完成調查後，就會收到五美元報酬。出乎他們意料的是，他們也會收到一個裝著募款信的信封，讓他們有機會把一些錢捐給關注全球各地兒童福利的「救助兒童會」（Save the Children）。

研究者以兩種版本的信件來進行測試。第一個版本舉出統計數字，說明非洲兒童遇到的龐大問題，內容如下：

- 馬拉威的食物短缺正影響著三百多萬名孩童。
- 在尚比亞，嚴重的雨水不足已經導致玉米產量從二〇〇〇年以來下降了百分之四十二。由此造成的饑荒問題，影響了大約三百萬名尚比亞人。
- 四百萬名安哥拉人，也就是安哥拉三分之一的人口，被迫逃離家園。
- 超過一千一百萬名衣索比亞人需要立即的食物救濟。

另一封信的版本，則提供一位小女孩的資訊：

- 您捐出的每一分錢，都會用來協助一位來自非洲馬利的七歲小女孩蘿奇亞。蘿奇亞極為貧困，正面臨著嚴重的饑餓威脅，甚至有死亡風險。她的生活將因為您的捐款而改善，有了您的援助，加上其他愛心資助者的援助，救助兒童會將與蘿奇亞的家庭和其他社區成員

合作，協助扶養蘿奇亞，讓蘿奇亞上學，並提供基本的醫療照護與衛生教育。

研究者給受試者其中一種版本的信，然後讓他們自行決定要不要捐款。他們可以決定要把多少錢裝進信封，封起來遞還給研究者。

讀到統計數字的人平均捐出一‧一四美元，讀到蘿奇亞的故事的人，平均捐出二‧三八美元——是前者的兩倍有餘。看來大多數人都和德蕾莎修女相同：**要觸動人心，一個人比一群人還有效。**

研究者相信，提統計數字的那封信獲得的捐款較少，可能是所謂「杯水車薪效應」（drop in the bucket effect）的結果。如果問題大到讓人承受不住，他們的小小捐款就顯得毫無意義。

但更有趣的地方就在這裡，研究者決定把兩種資訊都提供給第三組人，讓他們既讀到統計數字，也讀到蘿奇亞的故事。他們想知道獲得兩種資訊的人會不會提供比蘿奇亞組的二‧三八美元更多的平均捐款。或許結合統計數字和個人故事的做法，也就是結合個人需求與問題的統計性規模的做法，能促使捐款達到全新的高度。

結果沒有。收到兩封信的人，平均提供一‧四三美元的捐款，比只讀到蘿奇亞故事的人所給的捐款還少了快一美元。這證明了非洲有大量人民正在受苦的統計數字，反而多少降低了大家捐款的意願。這是怎麼回事？

研究者的理論是，統計數字會讓人改用較分析性的心態思考，改從分析角度來思考時，人就比較沒辦法從情感角度思考。研究者相信，人們捐款是因為他們對蘿奇亞的困境產生情感反應所致。

為了證明這個論點，他們進行第二次研究。在這次的研究中，他們提出這類問題讓部分受試者進行分析思考：「如果一個物體以每分鐘五英尺（約一點五公尺）的速度移動，你能否算出三百六十秒後，該物體會移動多

少英尺？」至於其他受試者，則讓他們從感受思考：「請寫下一個字，描述你聽到『嬰兒』這個字時的感受。」

接著，他們給兩組受試者寫有蘿奇亞故事的信。結果不出研究理論所料，先進行分析思考的人捐款較少，先用心感受再讀蘿奇亞的故事的人，則給出平均二·三四美元的捐款，和前一次研究中讀蘿奇亞故事的人大致相同。但如果要求他們先做算式再讀那篇故事，他們只捐了一·二六美元。

這個結果令人震驚。單是做算式就會減少人們的慈善捐款，**一旦我們戴上分析的帽子，對情感訴求的反應就不同，我們的感受能力會因此受阻。**

在前一章，我們討論過如何說服人我們的概念是可信的，如何讓他們相信我們。要他們相信很重要，但單是相信還不夠，要讓人們採取行動，就要先讓他們在乎。

人人都相信非洲有不計其數的人正在受苦，這些事實毋庸置疑，但相信未必能讓人在乎到採取行動。人人都相信吃油膩食物會導致健康問題，這點毋庸置疑，但相信這點也不會讓人在乎到想採取行動。

慈善團體早就想通了人的這種德蕾莎修女效應——他們明白捐款者對個人比對抽象目標更有反應。你不會捐款給「非洲的窮人」，但會資助某位特定的孩童（事實上，資助特定孩童這類慈善誘餌可追溯至一九五〇年代，當時就有一位年輕的基督教神職人員鼓勵美國人資助有需要的韓國孤兒）。這個概念對動物也有效，「農場庇護所」（Farm Sanctuary）是一個非營利組織，致力於減少農場動物受到的殘酷待遇，捐款者可以選擇「認養一隻雞」（一個月十美元）、一隻羊（二十五美元），或是一頭牛（五十美元）。

　　沒有人想捐款給「一般行政基金」做慈善。理智上我們很容易理解為什麼需要一般行政基金，因為要拿來購買必要用品，但我們很難對辦公室文具產生大量熱情。

　　慈善團體深知如何喚醒捐款者的同情和憐憫心──也幸好他們擅長此道，因為他們的技巧減少了不少苦難。但不是只有慈善團體才需要「讓人們在乎」，經理必須讓下屬在乎工作，他們才會長久並勤奮地處理複雜的任務，教師必須讓學生關心文學，社運人士也必須讓人關心市政議案。

　　本章要處理的便是黏性概念中的情感成分，但不是關於按下人的情感按鈕，就像電影中的催淚橋段一樣。**讓訊息激發「情感」，其實是為了讓人在乎。感受能激勵人起而力行。**

　　舉個例子，青少年大多相信吸菸是危險的，那個訊息沒有什麼可信度的問題，但青少年還是會吸菸。你要如何讓他們從相信轉而行動？必須讓他們在乎。一九九八年，有人終於想出了達到這個目標的方法。

真相──讓訊息激發「情感」

　　那則廣告一開始是紐約市的街景鏡頭，畫面上的影像是錄像，不是影片──有點陰暗，手法有點業餘，感覺起來像紀錄片，不是廣告。這時螢幕底下出現一排字幕：「某大菸草公司總部外」。

　　大卡車停在建築物前，一群青少年跳下卡車，開始從卡車卸下標有「運屍袋」的白色布袋，他們把布袋一袋袋靠著建築物堆成塔。廣告繼續，運屍袋也愈堆愈高，最後堆了數百個布袋。其中一個青少年透過擴音器向建築物呼喊：「你知道菸草一天殺死多少人嗎？」畫面顯示每日死亡人數是一千八百人──也就是那群青少年在菸草公司總部前堆起的運屍袋總數。

　　這支廣告來自稱為「真相」的系列廣告，這一系列廣告是由美國傳統協會（American Legacy Foundation）發起，該協會是在一九九八年十一月美國四十六州檢察官對美國大菸草公司興訟達成和解時成立。

　　看著「真相」系列廣告讓你無法不對菸草公司發火。廣告播出後，菲利普莫里斯公司（Philip Morris）訴請以五大菸草公司的「反誹謗」特別條款，要求停止播出廣告。菸草公司是在一系列反菸草訴訟的和解書中加入這則條款，讓他們對和解金要如何使用於反菸廣告保有一些否決權。「我們覺得（「真相」系列廣告）不符合美國傳統協會的焦點與宗旨。」菲利普莫里斯公司的防止青少年吸菸計畫資深副總裁凱洛琳‧利維（Carolyn Levy）提到廣告審查時這麼說。

　　我們可以如此轉譯這則抱怨：廣告是有效的。在這同時，也出現了另一波反菸廣告。菲利普莫里斯公司在菸草和解書中同意播出他們自行拍攝的反菸廣告，但它提出的口號是「多思考，勿吸菸」。

　　兩個採用不同方法的系列廣告幾乎是同時進行，因而為創意市場帶來了一場針鋒相對的刺激競賽。事實上，二〇〇二年六月，《美國公共衛生期刊》（American Journal of Public Health）的一篇調查，便比較了「真相」系列廣告和「多思考，勿吸菸」廣告對一萬零六百九十二名青少年的影響。

　　調查證實，有些馬跑得比其他馬快。請青少年回憶他們記得哪支反菸廣告時，百分之二十二的人會立刻想到「真相」系列，想到「多思考」廣告的只有百分之三。

　　這個數據特別引人注意的地方是，給他們兩個系列廣告的資料時，有超過百分之七十的人會想起兩支廣告他們都看過。換句話說，這些青少年都在電視上看過兩支廣告，只是對其中一支的印象比另一支深。「真相」系列廣告自然有種令人難忘的吸引力。

　　記得很重要，但這只是第一步。要如何引人採取行動？那份調查詢問

青少年明年他們有沒有可能吸菸時，對「真相」廣告印象較深的人，有百分之六十六比較不會想吸菸。記得「多思考，勿吸菸」廣告的人，卻反而有百分之三十六更可能吸菸！菸草公司主管對這個消息一定哭笑不得。

不是只有這類調查顯示出兩者的不同。「真相」系列廣告最早是在佛州播出，而後才在國內其他地方播出，另一份研究便以「真相」廣告為對象，比較佛州青少年與其他地方的青少年吸菸的情形。

在廣告播出兩年後，高中生的吸菸率降低了百分之十八，國中生的吸菸率降低了百分之四十（吸菸率降低的一半因素，可能也與研究期間菸草稅正好提升有關）。

這裡發生了什麼事？救助兒童會的例子在這裡重現。「多思考，勿吸菸」的廣告內容是關於什麼？呃，多思考，那是頂分析的帽子。還記得被要求進行分析思考再讀蘿奇亞那封信的人，最後捐了多少錢嗎？

「真相」廣告是關於什麼？是關於反抗權威的憎厭情緒，那是青少年的典型情緒。從前青少年吸菸是為了反抗大人，多虧「真相」廣告巧妙設定的框架，描繪出五大菸草公司表裡不一的形象，現在的青少年是要以不吸菸來反抗大人。

「真相」廣告不是關於理性決策，而是關於叛逆。這點引得許多青少年在乎，進而採取行動。在這個例子中，那個行動就是不吸菸。

語義曲解與聯想的力量

到目前為止，我們一直在談你可以從談情感的本章中獲得什麼——我們談到了同理心（蘿奇亞）與憤怒（「真相」廣告）。但本章談的其實是更根本的重點：要如何讓人在乎我們的訊息？好消息是，**要讓人在乎我們的概**

第五章

念，不需要無中生有地製造情感。事實上，**很多概念使用的是一種搭便車策略，將概念與現成的情感連在一起。**

請思考以下這句影評：「《羅生門》可以看成是愛因斯坦相對論的銀幕延伸。」《羅生門》是日本導演黑澤明一九五〇年的經典名片。在電影中，四個不同角色從自身的不同角度描述同一個謀殺與強暴事件。影片是以一系列閃回的方式來敘述，每位角色在其中描述各自看見的事件。但每個角色的故事都有自利和自相矛盾的成分，因此看到電影最後，觀眾依舊掌握不住事情的真相。這部電影從這點質疑著絕對真相的存在，至少是質疑了我們揭露真相的能力。

因此，做出上述影評的影評人，是將《羅生門》的「相對真相」拿來與愛因斯坦的相對論相比。但愛因斯坦的相對論說的並不是「每件事都是相對的」。事實上，相對論的實際意義恰恰相反，這個理論是用來解釋物理學法則在每種參考架構中都相同。在愛因斯坦看來，世事並非不可預測，反而是條理分明得令人訝異。

為什麼那位影評人要將《羅生門》連上相對論？提及相對論似乎不像是要引用愛因斯坦的權威，而是宣稱《羅生門》「等同於」銀幕上的相對論。反過來，這個比喻似乎有意營造一種敬畏感——他暗示，我們觀看《羅生門》時，是在接觸某種深刻的道理。

借用相對論這個聯想，是為了賦予電影一種情感共鳴的氛圍，也就是深奧、敬畏的感受。上述影評只是千萬個例子中的一個，在某個意義上，「相對論」已經成了概念調色盤上的一種色彩。你想引人心生敬畏時，就用筆刷去沾一沾「相對論」這個色彩來使用。其他科學術語如「測不準原理」、「混沌理論」、量子力學中的「量子跳躍」等，也是這個調色盤上的色彩。

一九二九年，愛因斯坦抗議道：「哲學家翻來覆去地使用這個詞，

172

像小孩玩布娃娃……但相對論的意思並不是說，人生中的每件事都是相對的。」讓愛因斯坦氣惱的是，想借用「相對論」這個詞引起共鳴的人，已經變得比想理解相對論的人還多了。

反覆拿某些術語來聯想時（有時是精確的，有時則大而化之），會產生的效應是稀釋了術語及其底下概念的力量。人人都用檸檬綠色作畫，檸檬綠色就不突出了。

在史丹福和耶魯大學所做的研究顯示，探索術語與概念的情感聯想這個過程，是溝通的常見特性。發現某個觀念或概念蘊含情感力量時，人們就容易濫用這個觀念或概念，研究將這種濫用稱為「語義曲解」（semantic stretch）。

我們來看一個非科學領域的例子：「獨特」（unique）這個字。「獨特」是用來指獨一無二，「獨特」指的是特別。

研究者使用資料庫檢視過去二十年來美國前五十大報紙的每一篇文章。在這段期間，以「獨特」來描述事物的文章增加了百分之七十三。所以說，如果不是今日世界增加了很多獨特的東西，就是獨特的「門檻」降低了。

有些想到掃地機器人或派瑞絲，希爾頓（Paris Hilton）的懷疑論者可能會抗議：「嘿，這年頭獨特的事物確實增加了啊！」但「獨特」這個詞變得愈加流行的同時，「不凡」（unusual）這個詞的使用率卻下降了。一九八五年，使用「不凡」的文章比使用「獨特」的文章多兩倍以上。到了二〇〇五年，這兩個詞的使用率卻變得不相上下。

獨特的事物應該是不凡事物的一個次類別——你頂多只能不凡到獨特（即獨一無二）的程度。因此，如果今日獨特的事物真的變多了，我們應該也會看見更多「不凡」的事物才對，但不凡事物愈來愈少這個事實，卻讓獨特的事物愈來愈多這件事，更像是一種語義曲解。以往我們稱作「不凡」的事物，經過我們的曲解，現在便以「獨特」稱之。

那麼「相對論」和「獨特」有什麼情感可言？關鍵就在這裡：要讓人們在乎，基本之道是要在他們尚不在乎的事和他們確實在乎的事之間形成聯想。我們天生都懂得實行聯想的策略，「相對論」與「獨特」教我們的是，運用聯想有可能導致色彩的濫用。

隨著時間過去，聯想的價值會因為過度使用而稀釋，最後人們說的話就變成：「這真的、實在很獨特。」

一個世代對最佳事物的形容，例如很帥、真棒、好酷、太炫了等，都會隨著歲月消褪，因為從中聯想到的事物太多了。你聽到自己的老爸說某樣東西「很酷」時，「酷」這個字就失去力道了；你的金融學教授開始使用「老兄」這個字眼時，你就必須把它從你的字典裡刪掉了。也就是說，使用聯想有點像軍備競賽，你的對手造出一個導彈，你就要造出兩個；如果他很「獨特」，你就一定要「超獨特」。

這種情感聯想的軍備競賽對想使別人在乎的人來說，造成了許多麻煩。事實上，下文會看見，這種軍備競賽也讓「運動家精神」這個詞已經從根本破產了。

克服語義曲解：「運動家精神」的例子

前一章我們討論過正向教練聯盟（PCA）創辦人吉姆·湯普森開辦的教練班。從一九八八年創立正向教練聯盟以來，湯普森就在努力克服一個重大問題：你要如何消除總是與青年體育連在一起的不良行為？為了擺脫這個問題，湯普森必須面對語義曲解的課題。

愛摔球拍又經常對官方人員口出惡言的網球選手約翰·馬克安諾（John McEnroe），過去是缺乏運動家精神的樣板，但馬克安諾的行為在今日的多

數青年運動競賽中早已見怪不怪。不良行為在今日十分常見，不只是體育選手，家長和其他旁觀者也常有惡劣行為。依據全美青年體育聯盟（National Alliance for Youth Sports）的說法，有將近百分之十五的青年運動競賽會出現家長或教練與官方人員對峙的場面，較前幾年增加了百分之五。

運動家精神曾是體育運動中的強大理念，但湯普森覺得已經變得疲弱不堪。「人們把運動家精神獎看成是給輸家的安慰獎。」他說。一位女士告訴湯普森，她高中籃球隊的教練說，如果有球員膽敢拿運動家精神獎回來，她就得去跑操場。

湯普森又說：「運動家精神的意思差不多就像別做壞事：『不可以吼官方人員，不可以犯規。』但單是不使壞還不夠。我們對青年體育運動的參與者必須有更多期待。不幸的是，『當個好運動員！』不是我們改變青年體育運動的好口號。」

人人都喜歡聽到展現良好運動家精神的實例。以湯普森舉藍斯·阿姆斯壯（Lance Armstrong）為例，環法自行車賽期間，他在主要對手揚·烏爾里希（Jan Ullrich）摔倒時做出了出人意料的反應。阿姆斯壯沒有趁機拉大領先的距離，反而放慢腳步等烏爾里希重新上路。後來他說，他和烏爾里希這樣偉大的運動員競爭，才會騎得比較好，那是運動家精神的展現。

湯普森心知人們依然欣賞運動家精神背後的理想。家長確實希望孩子從運動競賽中學到尊重與禮貌，教練也確實希望成為良師，而不是只求勝利的嚴師，孩子也確實希望自己的團隊受人敬重，但三方有時仍會失誤，做出混蛋的舉動。不過，湯普森還是看得出來，儘管「運動家精神」這個詞已經失去了激勵良好行為的能力，人們還是需要也想擁有運動家精神。

「運動家精神」的語義已經遭到過度扭曲，就如同「相對論」，這個詞如今已離其原始意義甚遠。過去這個詞是用來描述阿姆斯壯對烏爾里希的那種行為，但隨著時間過去，運動家精神的意義已經扭曲到只留下印象不

深、也說不上騎士風範的行為,例如輸了比賽但沒有大聲哀號,或是比賽從頭到尾都沒有攻擊裁判。

湯普森和正向教練聯盟需要採用不同方法來鼓勵人們,不只是避免做出不良行為,還要擁抱良好行為,他們稱這是「光榮參賽」(Honoring the Game)。人們在乎體育活動,在乎競賽成敗,而「光榮參賽」強調的是競賽和賽事的健全比個別參與者更重要;「光榮參賽」是體育界的愛國主義,其中的涵義是,你理當給體育基本的尊重;阿姆斯壯不只是一個「好運動員」,更是「光榮參賽」。「光榮參賽」對運動員以外的參與者也有意義,這個詞提醒人們,體育是一種公民機制,惡搞那個機制是不好看的行為,是不名譽的。

有證據可證明「光榮參賽」奏效了嗎?請思考德州達拉斯籃球聯賽蒐羅的一項數據:「在二〇〇二年的籃球季中,平均每十五場比賽就會出現一次技術犯規,在那之後,我們開辦了六場『雙重目標教練』(Double-Goal Coach)研習營。到了二〇〇四年的籃球季,每五十二場球賽才有一次技術犯規。」北加州籃球聯賽也發現,接受正面教練訓練後,因為行為不當而被逐出比賽的球員數大幅降低百分之九十!團隊士氣大幅提升之餘,加入聯賽的球員數也增加了百分之二十。唯一要抱怨的是,球場變得不夠用了。

湯普森不只想改變青年體育的文化,還想改變所有體育運動的文化:「我曾幻想自己觀賞職棒世界大賽時,會看到總教練衝進球場,厲聲斥責裁判不該吹哨。接著鮑伯·柯斯塔斯(Bob Costas)在全國電視上說:『看到總教練用這種方式侮辱棒球賽,真是太糟糕了。』」(順帶一提,請留意這幅景象有多具體可見。)

青年體育運動並沒有從此擺脫無禮的行為,但湯普森接觸過的地方,都出現了具體的改變。此外,「光榮參賽」也讓他能迴避語義曲解的問題,提出讓人在乎的新概念。

　　這則故事給我們其他人帶來的教誨是，**如果我們想讓別人在乎，就必須連接上他們在乎的事物**。假如人人都去聯想同一件事，軍備競賽就開始了，為了避免這點，我們如果不是要像湯普斯森一樣另闢蹊徑，就是為自己的概念找出其特殊聯想。

喚起人們的私心

　　我們在尋找方法，讓人在乎我們的概念——讓他們在乎非洲孩童蘿奇亞，在乎抽菸，在乎慈善，在乎運動家精神。我們讓人在乎的方法是，訴諸對他們來說重要的事。

　　哪些事對人們來說重要？我們到目前為止談過了聯想，但還有更直接的答案。事實上，這可能是所有答案中最明顯的。對人們來說重要的是什麼？**對人們來說，自己很重要**。所以不令人意外地，要讓人在乎，一個可靠的方法是喚起他們的私心。

　　一九二五年，約翰‧卡普斯（John Caples）獲派為一支廣告寫標題，以宣傳美國音樂學校的函授音樂課。卡普斯沒有廣告經驗，但他天生就是吃這行飯的。他坐在打字機前，精雕細琢地寫出了平面廣告史上最著名的標題：「我坐下要彈鋼琴時，他們都笑我，但我一開始彈之後……」

　　這個經典的小人物故事只用了很少的字彙來敘述。人人都笑他，而他用琴藝讓他們閉嘴！（標題很吸引人，所以我們會略過常識的反應，例如，欸，為什麼他坐到鋼琴前時，別人要笑他？而你什麼時候一看到有人坐下彈琴就笑他？）

　　那個標題極成功地推銷了多套函授課程，所以直到數十年後，廣告撰稿人仍在挪用。六十年後，下面這句抄來的標題使產品銷量比前一年提升百

分之二十六：「我透過郵購訂地毯時，我先生還笑我，但我省下一半價錢後……」（我們的出版社拒絕為本書採用這個副標題：「我們寫這本書時，他們都在笑，但當他們從放滿冰塊的浴缸裡醒來時……」）

卡普斯協助確立了郵購廣告的根基，郵購也是現代電視購物的先驅。郵購廣告不同於其他形式的廣告，在郵購廣告中，廣告商很清楚廣告的效果如何。

比如報紙或雜誌上的「選股指南」廣告，如果你想訂購選股指南，就寄支票到廣告列出的地址，但每個廣告版本列出的地址會略為不同，所以從你的訂購單顯示的地址，商家就可以確切知道你是看了哪則廣告後下單的。

比較郵購廣告與經典的消費商品如佳潔士（Crest），為什麼有人要買佳潔士的牙膏？是因為新推出的電視廣告嗎？還是因為零售價打折？新包裝的設計很新奇？或者老媽總是用佳潔士？又或者買的當天只看到這個牌子？商家可資判斷的能力出奇地少。

由於郵購廣告的效果透明，所以基本上是一種研究工具，可以評估引起動機的吸引力何在。讓人們在乎的是什麼？你可以問郵購廣告的撰稿人。卡普斯經常被譽為歷來最偉大的廣告撰稿人。他說：「首先**最重要的是，要把人們的私心帶進你寫的每個標題，讓標題向讀者表示，產品當中有他們想要的東西**，這條法則是根本中的根本，所以似乎不言而喻。但每天都有不少撰稿人違反這條法則。」

卡普斯把人的私心帶進廣告標題，承諾他們只要付出低廉的成本，就能獲得龐大的收益：

- 照這個簡單的計畫做，從此你就不用再為錢煩惱
- 給我五天，你就能變成萬人迷……讓我證明這點——完全免費
- 長高的祕密

- 只要一晚，就能增進你的記憶力
- 五十五歲就退休

卡普斯表示，廠商往往強調的是產品的特性，但他們其實應該強調益處。「廣告不成功最常見的原因是，廣告商滿腦子想著他們的成就（世上最好的種籽！），卻忘了告訴我們為什麼要買？（世上最棒的草地！）」廣告業有句古老的箴言說，**你必須把好處中的好處說出來。**換句話說，人們買的不是四分之一英寸的鑽頭，他們買的是四分之一英寸的洞，才能把孩子的相片掛在牆上。

卡普斯的成就讓我們坐立不安：他的廣告多半是可疑的，欺瞞的。賣萬人迷養成術的製造商或許不會良心不安，但我們大多數人還是希望和真相保有實事求是的關係。

因此，我們可以從卡普斯的技巧中，學到哪些廣告味不那麼重、不那麼廉價的啟發？第一個教誨是**不要忽略私心。**

前電視節目製作人與編劇傑瑞‧魏思曼（Jerry Weissman）目前是公司執行長的演說教練，他表示我們不應該輕忽私心這個訴求。他說「這對你有什麼好處？」（"What's in it for you"，簡寫成 WIIFY）而這應該是每場演說的核心面。

魏思曼指出，有些人抗拒說出那個訊息。「我的觀眾又不是笨蛋，」他引用這些人的話說，「如果我向他們指出這點，他們也許甚至會覺得受辱！」不過，對可能心不在焉的觀眾來說，開門見山有其價值：「就算他們只要花幾秒鐘就能把你描述的特性和隱含的益處連結起來，但當他們回過神來時，你已經移到下一點去了，而他們可能無暇理解那個好處何在⋯⋯又或者你的下一點是什麼。」

老師也聽多了學生問了又問的話：「我們到底學這個做什麼？」換句

話說，意思是：這對我有什麼好處？如果代數的好處是能讓學生打電動打得更好，老師會不假思索地說出來嗎？還有老師會懷疑學生不會因此更專心上課的嗎？

如果可以讓私心成為你的利器，別埋沒了它。不要拐彎抹角，略微更動一下，就能看出不同。卡普斯說，重點是要保留私心中的「私」：「不要說『人們用固特異輪胎（Goodyear Tires）會有安全感。』請說：『使用固特異輪胎，你會有安全感。』」

當然，要訴諸私心，有比郵購廣告更不討人厭、更不招搖的方法。要探索這點，就從在亞利桑那州坦佩（Tempe）進行的一項奇特研究講起。

坦佩的有線電視

一九八二年，心理學家以亞利桑那州的坦佩居民為對象進行說服力的研究。學生志工前往拜訪坦佩居民，請他們填寫一份課堂計畫的調查。

當時有線電視才剛萌芽，大多數人都不熟悉有線電視。

那項研究的目的便是比較兩種方法，看哪一種比較能讓居民理解有線電視的潛在好處。

他們給其中一組屋主值得裝有線電視的相關資料：

有線電視會提供用戶更廣泛的娛樂和資訊服務，用戶只要懂得妥善運用，就能事先安排要觀賞哪些節目。與其花錢請保母和加油，忍受出門的種種不便，現在用戶可以在家與家人、自己或朋友共度美好時光。

他們接著請第二組屋主想像自己置身於這個細節清晰的情境中：

請花一分鐘想像有線電視可以提供給您的廣泛娛樂與資訊服務，只要您懂得妥善運用，就能事先安排要觀賞哪些節目。請花一點時間想像，日後您可以減少多少保母費和加油費，也不用忍受出門的種種不便，您可以在家與家人、自己或朋友共度美好時光。

有些讀者說，起初他們看不出兩種訴求有何不同。其實魔鬼就在細節中。請回頭數一數「您」這個字出現在兩則訴求中的次數。

卡普斯建議避免談論抽象好處（「人們用固特異輪胎會有安全感」），而要聚焦在個人好處上（「使用固特異輪胎，您會有安全感」），在某種意義上，這個研究便是卡普斯那個建言的細膩版。不過，這個亞利桑那州的研究更進一步，請人「想像」使用固特異輪胎能夠獲得的那種安全感。

屋主們填寫問卷完畢後，便向學生道別。他們以為已經完成了那個研究計畫，但研究者還有另一個階段要完成。做完問卷調查一個月後，有線電視來到坦佩，當地業者接觸屋主，詢問他們安裝的意願。大學研究者從有線電視業者那裡設法取得數據，接著分析哪些屋主成為用戶，哪些沒有。

那些獲得有線電視一般資訊的屋主，有百分之二十成為用戶，和社區其他地方的屋主差不多；但「想像自己」成為用戶的屋主，安裝有線電視的比例高達百分之四十七。這篇研究論文發表時，副標題寫著：「想像帶來了奇效？」答案是肯定的。

拿來比較典型的郵購廣告，「想像安裝有線電視」的訴求對私心的召喚要細膩得多。請注意，這裡提供的不是卡普爾那類幻想式的妙用，重點是成為用戶後，你就可以避免出門的麻煩（！）。

單是聽到關於好處的抽象描述，還不足以吸引更多人成為用戶。直到人們開始扮演角色，他們的興趣才大增：我可以看見自己在家和老公看電影，而且隨時都可以起身查看隔壁房裡的孩子……想想那能省下多少保母費！

這項發現顯示，讓人們在乎的不是描述好處的資訊量多寡，而是描述有多具體。你不需要保證能帶來財富，增加性魅力，讓人成為萬人迷，只要保證人們能獲得合理的好處，讓他能輕易想像自己獲得那些好處的模樣，也許就夠了。

假設救助兒童會把這個概念融入其募款提案。現在的提案是「每個月您可以資助馬利小女孩蘿奇亞三十美元」，也已經很成功了，但如果進一步拓展呢？「請想像您是馬利小女孩蘿奇亞的贊助人，您的辦公桌上有一張她的相片，就擺在您孩子的相片旁邊。過去這一年您和她通過三次信，您從信上得知她喜歡讀書，還有她的弟弟老愛煩她。她很興奮自己明年就可以進足球隊了。」這會是一幅強而有力的圖像（也並不愚蠢）。

馬斯洛的需求層次——私心不是故事的全部

當然，私心不是故事的全部——我們往往把「私心」狹隘地定義為財富與安穩，如果全部的重點不過如此，那就沒有人要從軍了。有些人們在乎的事，永遠不會出現在卡普斯的廣告詞裡。

一九五四年，心理學家亞伯拉罕・馬斯洛（Abraham Maslow）就人們的動機進行心理學研究。他將現有研究的結果歸納為一張列表，列出人想滿足的需求與欲望：

- 超越自我：協助他人實現潛能
- 自我實現：實現我們自身的潛能、自我成就、巔峰經驗
- 美感：對稱、秩序、美、平衡
- 學習：求知、理解、心智連結

- 自尊：成就、能幹、獲得認可、獨立、地位
- 歸屬感：愛、家庭、朋友、溫情
- 安穩：保護、安全、穩定
- 生理：餓、渴、身體慰藉

　　這就是馬斯洛的金字塔理論，也就是需求層次理論（Hierarchy of Needs）。馬斯洛的需求列表帶來了不可思議的洞見，但以「層次」來描述這些需求卻是錯誤的。馬斯洛認為，這些層次有如階梯——人是從最底層逐步往上爬；你得先滿足自己對安穩的需求，才會去滿足對自尊的嚮往；你得先滿足生理需求，才會去追求美感需求（這裡是沒有飢餓藝術家的）。

　　後人的研究顯示，馬斯洛理論的層次並不實在，人對所有這些需求的追求幾乎是同時進行的。大多數三餐不繼的人確實認為填飽肚子比超越自我重要，但中間幾個範疇卻多有交疊。

　　人們談到「私心」時，典型的反應是想到「生理」、「安穩」、「自尊」層面。如果演講者演講時真情流露，有時他是在追求「歸屬感」。商家或公司經理追求的通常不脫這些範疇。即使是看似屬於「美感」範疇的訴求，往往其實也與「自尊」有關，只是經過掩飾（如高級房車廣告）。

　　人們有聚焦於那些特定範疇的好理由。也許那些就是真正重要的範疇。「自我實現」、「超越自我」等其他範疇，確實學術味重了點。近年探索這個問題的研究，能協助我們理解人們在乎的是馬斯洛列出的哪些範疇。

　　假設只要員工達到某些業績目標，公司就會給他一千美元的分紅。提供分紅的情境有以下三種：

1. 請想想那一千美元的意義：可以用來給付新車的頭期款，或是你一直想進行的居家新裝潢。

2. 請想想銀行戶頭裡那一千美元給你的保障，可以如何助你度過低潮。

3. 請想想那一千美元的意義：代表公司承認你在其整體表現中居功厥
   偉，錢沒有白給。

研究者詢問受試者哪種情境比較貼近他們的個人情況時，大多數人的
答案是 3，那筆錢有助於提升他們的自尊。至於 1 和 2──一千美元可以花
用或存進戶頭，不是很明顯嗎？我們大多數人不難想像自己花用那一千美元
（喜歡想像自己把一千美元存起來的人比較少）。

不過，妙就妙在這裡：要人們回答他們認為別人（不是自己）的情況
最可能是哪一種時，他們認為 1 最能令別人心滿意足，接著是 2。

也就是說，多數的人多半會認為自己的動機是來自自尊，別人的動機
卻是來自頭期款。這點洞見八九不離十地說明了大多數大型組織是如何提出
誘因的。

我們也可以換個版本思考同一個議題。假設你想說服某人換新工作，
加入某個部門，而那個部門是該公司能否成功的關鍵。針對這份新工作，你
可以提出三點可能的吸引力：

1. 請想想這份工作可以提供的保障。這份工作重要到這間公司永遠都
   要有人負擔起這個職責。

2. 請想想這份工作所提供的能見度。由於這份工作非常重要，很多人
   會看見你的表現。

3. 請想想身負這項重責大任可以得到多少收穫。這份工作提供了獨一
   無二的機會，讓你能得知公司實際的運作之道。

我們和他人之間的分歧再度出現。大多數人說代表「學習」訴求的 3，

會是他們最大的動機，同樣請這些人預測別人會受哪個因素激勵時，他們卻選擇1（安穩）和2（自尊）。

換句話說，我們多數人認為別人都活在馬斯洛金字塔的最底層——我們自個兒可能有閣樓，但別人都活在下層。花太多時間在馬斯洛金字塔底層的結果是，我們有可能忽略可以激勵他人的諸多機會，並不是說「底層」（為了避免那種階層性比喻，也可以說是更具體的生理需求）就激勵不了人，當然可以。我們都喜歡獲得分紅，工作安穩有保障，覺得自己適得其所，但完全只重視那些需求，就剝奪了我們運用深刻動機的機會。

一位退休美軍為我們提供了運用深刻動機的絕佳例子，他不是馳騁沙場的司令官，而是軍中餐廳的負責人。

在伊拉克用餐——運用深刻動機

如你所料，軍中伙食淡而無味，煮得太老，不過量很驚人，而且菜盤不會妝點芹菜。餐廳基本上是卡路里工廠，給予部隊完成任務所需的燃料，套一句軍中老話：「行軍多遠要看肚皮。」

緊鄰巴格達機場的飛馬食堂（Pegasus）卻有不同的名聲。在飛馬，牛肋排烤得軟硬適中，水果盤漂亮地擺著西瓜、奇異果、葡萄。傳言有阿兵哥會專門從「綠區」（在巴格達由美國守衛的地區）開車行駛伊拉克最危險的一條路到飛馬食堂，只為了享用一餐。

掌管飛馬食堂的弗洛伊德・李（Floyd Lee）在伊拉克戰爭開始時，已經因為擔任海軍陸戰隊和陸軍廚師滿二十五年而退休，但他仍復出扛起這項工作。「善良的上帝給我餵飽軍人的第二次機會，」他說，「我一輩子都在等待這個契機，現在終於來到巴格達了。」

　　李很清楚當兵的苦有多殘酷，軍人經常是一週七天，一天工作十八小時，在伊拉克，威脅時時都在。李希望飛馬食堂能為戰亂提供暫時的避風港，他清楚說明他的領導宗旨：「在我看來，我不是只管供餐，更負責提振士氣。」

　　想想他說的話：我負責提振士氣。從馬斯洛的金字塔來看，李是試圖達到「自我超越」。

　　這個願景也展現在李的員工日復一日的數百個小動作中。

　　在飛馬，典型的食堂白牆貼滿了體育旗幟；窗台有金色裝飾，桌面鋪著綠流蘇桌巾；刺眼的日光燈換成了天花板扇和光線柔和的燈泡；服務生戴著雪白的廚師帽。

　　飛馬食堂的美食名聲驚人的地方在於：其食材和其他軍隊伙用的食材一模一樣，飛馬和其他食堂同樣採用二十一天的軍中菜單，食材來自同樣的供應商。

　　不同的地方是在態度。飛馬會派一位廚師負責挑選每天運來的水果，剔除壞掉的葡萄，保留西瓜和奇異果最好的部分，將當天的水果盤擺得盡善盡美；入夜後，甜點台會擺出五種派、三種蛋糕；週日的牛肋排會先醃整整兩天；從紐奧良來的甜點師傅會訂購香料，請人送到伊拉克來，增加主菜的風味。甜點師傅描述她的草莓蛋糕「誘人可口」——從來沒有人會用這個詞形容軍中伙食。

　　李明白供餐是工作，提振士氣則是使命。提振士氣牽涉到創意、實驗、熟練，供餐只需要長柄杓。

　　專程坐車到飛馬吃週日晚餐的阿兵哥說：「你一到這裡，就忘了自己是在伊拉克。」李在這裡連上了馬斯洛被人遺忘的範疇：美感、學習、超越自我的需求。在重新定義食堂宗旨時，他也啟發了自己的同事，在沙漠中創造出一片綠洲。

爆米花機與政治學

　　就連郵購廣告人約翰·卡普斯也承認，人除了狹隘的私心之外，還有其他強力動機在。他說過一個商家的故事，那個商家在促銷可以協助消防員的全新防火安全教學影片，而據他所知，有三種吸引消費者的基本訴求：性、貪婪、恐懼。

　　那個商家直覺認為，貪婪在這個情況下最有效，他提出幾個免費贈品的點子，說服消防員來看這支影片。於是他開始打電話給當地消防局，設法了解哪個贈品最吸引人。他打電話時會描述那支新影片，然後問道：「您願意看看這支影片嗎？也許可以買來用在教學計畫中。」沒有一個人不熱情地說：「好啊！」

　　他的第二個問題提出了兩種版本的貪婪訴求：「為了感謝您觀賞影片，我們想送您一點謝禮，您的防火員比較喜歡大型電動爆米花機，還是優質的廚師刀具組？」

　　前兩通電話中的人一聽到這個問題，便斬釘截鐵地回絕：「你認為我們會因為一台勞什子爆米花機而買安全教學影片嗎？」

　　那個商家自此不再提贈品的事。

　　也就是說，有時私心會令人們在乎，有時卻會失敗。我們要如何解釋這種差別？

　　如果考慮政治，事情就更撲朔迷離。古早的智慧是說，選民是私心的典範。如果檯面上的提案提出增加最高收入者的邊際稅率，可以想見富人會投反對票，其他人統統會投贊成票。

　　其實，這種古早智慧是錯誤的。能證明公眾意見從狹隘的私心而來預測的證據不多。一九九八年，密西根大學政治學教授唐諾·金德（Donald Kinder）就這個主題發表了一份歷經三十年研究的調查報告，影響深遠。

對於私心在政治觀點上的效果，他的結論是「無足輕重」。無足輕重！
金德寫道：

> 面對肯定性行動（譯註：affirmative action，指消除對性別、種族、膚色等弱勢族群的歧視並提倡平權的政策）時，美國白人與黑人表達的觀點都不涉及個人利害。失業者沒有聯手支持有意緩和經濟困頓的政策。醫療照護不足的人不比加入全額保險的人更支持政府健保。孩子讀公立學校的家長不比其他市民更重視政府的教育支援。有可能受召入伍的美國人不比別人更反對軍事干預或日益升高的衝突。在家庭以外受僱的女性不比家庭主婦更支持有利職業婦女的政策。在消除校園種族隔離的校車制度、禁酒令、義務性大學考試、住宅政策、雙語教育、遵守法紀、解決法律爭議的履行義務、槍枝管制等諸多議題上，私心居然都沒有什麼重要性。

這些發現強烈違反我們的直覺。如果人們支持的不是私利，那是支持誰的利益？

答案一言難盡。

首先，如果是重大、具體、立即生效的公共政策，私心扮演的角色似乎確實不小。舉例來說，一九七八年在加州，一項名為「第十三號提案」的投票議案提議大幅削減財產稅，但學校、圖書館、警務、消防等公共服務也會因此大幅減少。在這個議題上，厭倦於地價提升、稅收也更沉重的自宅屋主，都投票贊成提案。圖書館員、消防員則多半投反對票。其次，私心也左右了我們的注意力，儘管我們的立場不會改變。例如，對於第十三號提案的倡議，自宅屋主和公職人員都比較容易形成條理分明的意見，儘管他們的意見與其自身利益不一致。

　　但私心不是事情的全部，原則（平等、個人主義、關於政府及人權等的理想）對我們來說也可能很重要，儘管違背了我們眼前的私利。我們可能不喜歡聽見某些政治團體發出極端言論，卻會支持其發言的權利，因為我們重視言論自由。

　　或許這件事最重要的部分是這點：「團體利益」往往比私心更能用來預測政治輿論。金德說，在形成意見時，人們會問的似乎不是：「這對我有什麼好處？」而是：「這對我們這團體有什麼好處？」我們這個團體的組成基礎可能是種族、階級、宗教、性別、地區、政黨、行業，或其他不計其數的差異面向。

　　另一個相關概念來自史丹福大學教授詹姆斯・馬奇（James March），他認為我們是運用兩種基本模型來做決策。

　　第一種模型牽涉到對後果的衡量，我們會權衡不同選項，評估各選項的價值，從中選出最能帶來價值的選項。這個模型是經濟學課的標準決策觀點：人是有私心而理智的，理智的作用力會問道：哪張沙發讓我覺得最舒適，又最價美物廉？哪個政黨候選人最能滿足我的經濟與社會利益？

　　第二個模型則十分不同，這個模型假設人做決策的基礎是身分認同，他們會問自己三個問題：我是誰？這是什麼情況？像我這類人在這種情況下會怎麼做？

　　請注意在第二個模型中，人並不是為自己分析後果，這裡沒有得失計算，只有規範和原則。

　　像我這樣一個來自東南部的會計師，比較可能買哪張沙發？好萊塢佛教徒應該支持哪位政黨候選人？人們幾乎彷彿是在諮詢理想中的自我形象：像我這類人會怎麼做？

　　第二種決策模型有助我們理解為什麼消防員要對送爆米花機生氣，請記住送爆米花機不是賄賂。如果商家是說：「買這支影片給消防局，就送你

們家一台爆米花機。」那顯然大多數人都會根據道德理由回絕。相反的，這項提議很無辜：「我們為了謝謝您看這支影片，所以送您一台爆米花機。」因此，不論你決定買不買那支影片，你都能獲得爆米花機。接受這項提議沒有什麼不道德的地方。

我們還可以更進一步分析：從私利、多多益善的觀點來看，拒絕那項提議根本就太笨了。如果做出 A 決定，你會獲得一台爆米花機，如果你做出 B 決定，就得不到爆米花機，其他所有條件都不變。那除非爆米花破壞了你心目中的某種價值，否則 A 是較好的決定。

但從決策的身分模型觀點來看，拒絕爆米花機再合理不過。那段思路是這樣的：「我是消防員。你提供給我爆米花機，要我看一支安全教學影片，但消防員可不是收了一點小禮才去學習如何保障安全的那種人。我們可是冒著生命危險，衝進失火的屋裡救人吧，竟然暗示我想要爆米花機，真是太過分了！」

要結合這兩種決策模型是有辦法的。如果商家願意捐五十美元給學校的消防安全計畫，換取消防員看這支影片呢？消防員同意這個提議會不會有失身分，就很難說了。

私心很重要。從私心著眼，毫無疑問能讓人們在乎，但調色盤只有這個色彩是不夠的。

完全圍繞著私心來建構概念，就像永遠只用一種色彩作畫，我們會覺得沉悶不已，也啟發不了別人。

飛馬食堂經理弗洛伊德・李深知這點。他大可以從嚴格意義上的私心來激勵軍人：如果員工工作認真，他也許可以讓他們每晚提早十分鐘下班，或讓他們享用上等牛排，但他的做法卻是創造出飛馬食堂的身分認同：飛馬廚師掌管的是士氣，不是餐點！你可以想像食堂員工要做數百個決定前，心裡會想：飛馬人在這種情況下會怎麼做？

學代數的必要與馬斯洛的金字塔底層

情況 有史以來，每個代數老師都要回答學生的兩個問題：「我為什麼要
學代數？什麼時候才會用到呢？」本篇概念診察就來檢視回答這個
問題的三種答案。

訊息一 在一九九三年的「大家學代數」會議上，與會者針對「為什麼要
學代數？」的問題提出以下幾點：

- 代數提供從具體邁向概論的方法，讓我們發現集合中各子項的
  共同模式，也發展出需要用來思考與交流這點的語言。
- 代數提供操作符號的方法，我們才能了解周遭的世界。
- 代數提供我們透過數學模型理解世界的途徑。
- 代數是變量的科學，協助我們辨識變量（量值的變化），加上
  或從數據中找出結構，以處理大量數據。
- 代數是一組基本概念和技巧，得以用來描述和推論變量之間的
  關係。

分析一 這項訊息顯示出「知識的詛咒」帶來的問題。這場大會應該是坐
滿了代數專家，他們提出的答案，其他專家可能覺得很合理。但
打開天窗說亮話：學生有可能聽了「代數能提供操作符號的方法，
我們才能了解周遭的世界」這句話後，就迫不及待跳進學代數的
行列嗎？
上面各點給代數下的定義聽起來頭頭是道，但當成學代數的理由

第五章

卻太薄弱，我們需要能讓學生在乎代數的訊息。

✿ ✿ ✿

訊息二 我們虛構了以下答案。這個答案是受網路上看到的幾個例子啟發：
以下是我告訴學生為什麼要學代數的原因：

- 你要學代數才能拿到高中文憑。
- 日後你上的每堂數學和科學課，都要你懂代數。
- 要進好大學，你的數學成績要很優異。
- 就算你不打算進大學，你從代數學到的推理技巧，對你買房子、定預算等也有幫助。

我弟弟是高科技公司的業務……他唸書時數學一向很差，但現在他也領悟到，他在那堂課下過的苦功增進了他的分析技巧，讓他在客戶面前更有說服力。

分析二 這位老師避開了「知識的詛咒」，實事求是地作答，又很貼近馬斯洛的金字塔底層。為什麼要學代數？
第一個原因：你學代數是出自必要。
第二：你要更上一層樓，就要先學代數。
第一點的訴求是「自尊」，也就是對能幹、獲得認可和地位的渴望。最有效的是作者提到弟弟的那個部分，因為他的弟弟日後終於理解到，苦學代數是值得的。弟弟的故事訴求的是「自尊」，其形式接近卡普斯寫的那類成功故事（「我苦讀方程式時，他們都笑我，但我贏得客戶後……）。

訊 息 三 這是一位高中代數老師迪恩·雪曼（Dean Sherman）在網路上
與其他老師討論這個話題時的回應：

我的九年級學生很難理解直線方程式的標準式有何用處，所以問
我：「我們到底什麼時候會用上這東西？」

過去這個問題也真的很讓我困擾，所以我檢視了手上所有教材的
正當性。現在我會說：「絕對用不到，你永遠都用不到。」

接著我會提醒他們，人不會因為有一天在路上可能會被撂倒，胸
口壓一個啞鈴，就去學習如何舉重。你學過舉重，踢美式足球賽
時才衝得破前鋒防線，拿得動買來的雜貨，舉得起你的寶貝孫子，
隔天又不會肌肉痠痛。做了數學習題，你的邏輯思考能力才能提
升，這樣你就更能勝任律師、醫師、建築師、典獄長的工作，還
有為人父母。

數學是心智的重量訓練，這是一種達到目的的方法（對大多數人
來說），其本身並不是目的。

分 析 三 這是很棒的回答。請留意這裡有我們在本書中看過的元素：抓住
注意力的驚奇開場（「絕對用不到，你永遠都用不到」）。此外，
他使用的比喻也很精彩──他引用舉重的現成基模來改變我們
「學代數」的模型（亦即，並不是說未來你每天都要找出直線的
斜率，而是你的大腦會變得更發達）。

他也往上攀爬馬斯洛的金字塔。這裡訴求的是更高的層級，例如
學習和自我實現。

概念是，學代數讓你更能實現潛能。

案例分析

記分

清單	訊息一	訊息二	訊息三
簡單	-	-	√
意外	-	-	√
具體	-	√	√
可信	-	-	-
情感	-	√	√√
故事	-	√	-

關鍵要點　「數學是心智的重量訓練」提醒我們,即使是在最平凡的情境中,都蘊含著從馬斯洛的底層動機進入高層動機的機會。

善用身分認同

丹・席瑞克(Dan Syrek)是國內亂丟垃圾議題的首席研究專家,從紐約到阿拉斯加,他與美國十六州合作研究防止亂丟垃圾的倡議。他的計畫一開始通常是任意選出幾個路段,從州際公路到農場道路中選幾段親自走一遍,兩手各握一個計數器,手動計算沿路有多少垃圾。

一九八〇年代,德州政府僱用了席瑞克與其總部位在薩克拉門托(Sacramento)的組織應用研究院(Institute for Applied Research)。德州有嚴重的垃圾問題,每年要花兩千五百萬美元清運,而且成本逐年墊高百分之十五。該州期望鼓勵人們改善亂丟垃圾的行為,但「請勿丟垃圾」的告示以及大量標示著「垃圾請丟這裡」的垃圾桶都不管用,所以想請席瑞克來協助提出新策略。

　　防止亂丟垃圾的標準訊息是走情感路線，但傾向只聚焦於幾種情感。罪惡感和羞恥感是其中兩種，例如有支廣告顯示美國原住民看著垃圾落淚。有的則激發我們對野生動物的憐愛，例如有支廣告描繪一隻卡通貓頭鷹說：「請重視我們，不要汙染環境。」

　　席瑞克知道這類訊息解決不了德州的問題，他的看法是，那類廣告不過是「白費唇舌」，德州需要去接觸的是不會為路邊垃圾落淚的人。在德州，亂丟垃圾的人典型是十八到三十五歲開小貨車的男性，喜歡運動和鄉村音樂，不喜歡權威，也不會因為貓頭鷹惹人憐愛而少丟垃圾。德州運輸部的一位職員說：「對這些傢伙說『請』，他根本充耳不聞。」

　　「我們發現亂丟垃圾的人確實是大老粗。」席瑞克說，「你必須向他們解釋，他們的舉動就是亂丟垃圾。」席瑞克隨身帶著一張開小貨車的壯男照片，「這就是我們的目標市場，」他說，「我們叫他布巴（Bubba）。」

　　從私心出發設計一支防止亂丟垃圾的廣告，對這個族群不管用。說到底，布巴不丟垃圾能獲得什麼好處？妥善丟垃圾是需要費心的，而且沒有明顯的報償。這種情況無法按卡普斯的方法來解決，也就是訴諸貪婪或性魅力。他可以採用引發恐懼的手法，強調高額罰金或其他懲罰手段，但布巴反權威的傾向還是有可能讓這個方法失效（甚至造成反效果）。

　　席瑞克深知，最能改變布巴行為的方法是說服他：像他這類人是不丟垃圾的。德州運輸部依據他的研究，批准了以「不要在德州亂來」為口號的系列廣告。最早的廣告請來兩個在德州很有名的達拉斯牛仔隊球員：防守邊鋒「賊高」艾德・瓊斯（Ed "Too-Tall" Jones）和防守截鋒藍迪・懷特（Randy White）。在廣告中，他們在高速公路的路邊撿垃圾：

　　賊高瓊斯走向鏡頭說：「如果你看見把這丟出車窗的傢伙……告訴他我有話要跟他說。」

拿著啤酒罐的藍迪‧懷特上前說:「我也有話要跟他說⋯⋯」

畫面外的旁白問:「跟他說什麼?」

懷特用拳頭捏扁啤酒罐,威嚇地說:「這個嘛,我好像要看到他才說得出來。」

賊高瓊斯接著說:「不要在德州亂來。」

　　這支廣告和可愛的貓頭鷹、哭泣的美國原住民差了十萬八千里。另一支廣告請來以快速指叉球聞名的休士頓太空人隊投手邁克‧斯科特(Mike Scott)。斯科特說,丟垃圾是一種「德州作風」,他使出「指叉垃圾球」的球技,將垃圾投入垃圾桶,垃圾桶隨即冒出一條火柱。手法細膩。

　　這波廣告的主角都是運動員和樂手,其中多數人出了德州就沒有家喻戶曉的名氣,但德州人都認可他們是德州人:休士頓油人隊四分衛華倫‧穆恩(Warren Moon)、拳擊手喬治‧福爾曼(George Foreman)、藍調吉他手史蒂維‧雷‧沃恩(Stevie Ray Vaughan)、鄉村歌手傑里‧傑夫‧沃克(Jerry Jeff Walker)。歌手威利‧尼爾森(Willie Nelson)也貢獻廣告詞給一支廣告:「媽媽啊,告訴你的孩子:『不要在德州亂來。』」

　　但是,這不就是找各路名人來背書嗎?不,手法細膩得多。拍這些廣告的人當然不是只要有名就好──芭芭拉‧史翠珊(Barbra Streisand)對布巴大概產生不了多少影響。就算是強調男子氣概的名人,也沒辦法發揮這般效用,阿諾‧史瓦辛格(Arnold Schwarzenegger)很有男子氣概,但全身上下沒有什麼德州味。

　　如果請同一批名人來拍較傳統的公益宣導廣告,會有什麼效果?「我是專業拳擊手喬治‧福爾曼,丟垃圾一點都不酷。」那麼做也不可能奏效:那樣一來,福爾曼不過是在扮演布巴痛恨的權威角色罷了。

　　這波廣告的訊息是,德州人不亂丟垃圾。請注意那些名人的價值是在

於，他們能很快建立起「德州」這個基模，說得精確一點，他們建立的是「理想的德州男子漢」的基模。就連不喜歡威利‧尼爾森的音樂的人，也能欣賞他展現出來的德州人作風。

那波廣告一推出便造成轟動。幾個月後，調查顯示有百分之七十三的德州人還記得廣告的訊息，也能指出那是防止亂丟垃圾的訊息，這比例高得驚人。在一年內，德州人亂丟垃圾的比例降低了百分之二十九。

德州運輸部本來計畫在「不要在德州亂來」廣告推出的同時，另外投入一百萬美元，嚴加行使亂丟垃圾的懲罰法條，這是恐懼策略：如果你亂丟垃圾，就有可能入獄並陷入官司麻煩。但「不要在德州亂來」的效果太強大、太立竿見影，所以他們捨棄了那項執法計畫。那波廣告為布巴提出了關於其身分的強力訊息，所以就不再需要引起恐懼了。

在廣告播出的頭五年，德州可見的路邊垃圾減少了百分之七十二，丟在路邊的瓶瓶罐罐也減少了百分之八十一。一九八八年，席瑞克發現，同樣是在一段時間內推行防止亂丟垃圾的計畫，德州路邊的垃圾比他在其他州發現的垃圾少了一半以上。

「不要在德州亂來」這句話是很優秀的口號，但我們不該把口號與概念混為一談。本章的概念是：席瑞克可以讓布巴在乎丟垃圾這回事，告訴他們德州人不丟垃圾。以及：布巴對身分認同訴求的反應，大過對理智的私心訴求反應。就算廣告僱用的是二流撰稿人，口號寫成「不要對德州失禮」，這波廣告還是能減少亂丟在德州公路邊的瓶瓶罐罐。

多問幾次「為什麼」——避免「知識的詛咒」

到目前為止，我們看到了讓人們在乎的三種策略：**聯想（或避免聯想，**

依案例而定）、私心、身分認同的訴求。這三種策略都很有效，但我們要留意那個世仇，也就是「知識的詛咒」，他會干擾我們推行策略的能力。

二〇〇二年，奇普協助一群教授在佛羅里達州的邁阿密和羅德岱堡（Ft. Lauderdale）舉行一場給非營利藝術機構領導人參加的講座。其中一項練習的目的是協助領導人表達並精心琢磨其組織的核心宗旨。講座提出了與會者很難回答的問題：你的組織是為了什麼存在？其他組織也做得到同樣的事嗎？如果做得到，你做的事有哪些特別之處？

有一個問題是請參與者定義其組織的目標，以敦促其他人在乎這個組織：讓志工在乎到願意奉獻時間，捐贈者願意捐贈金錢，員工願意久待組織（儘管其他營利機構提出了更有利可圖的工作機會）的程度。德拉諾夫雙鋼琴基金會（Murray Dranoff Duo Piano Foundation）是參與講座的一個組織，輪到該組織發言時，奇普請其代表人唸出他們動人心弦的宗旨聲明：

> 雙鋼琴基金會：我們存在的目的是為了保護、保存、促進雙鋼琴音樂的發展。
> 奇普：為什麼保護雙鋼琴音樂這麼重要？
> 雙鋼琴基金會：嗯，今日已經很少聽到雙鋼琴音樂了，我們想避免這種音樂完全滅絕。

一位與會者後來承認，他第一次聽到「雙鋼琴」這個詞時，馬上聯想到酒吧給觀光客聽的鬥琴（dueling pianos），也就是人們喝得醉醺醺地在「琴師」伴奏下高歌的那種演奏。在座也有人認為與其保存雙鋼琴音樂不滅絕，不如加速雙鋼琴滅亡可能還更好。

他們來來回回地討論了幾分鐘，但其他與會者還是不太能接受雙鋼琴這種藝術形式。

最後，一位參與者插嘴了：「恕我冒昧，但如果雙鋼琴從此消失，這個世界就變得不豐富了嗎？」

雙鋼琴基金會（顯然嚇了一大跳）：哇……
鋼琴是宏偉的樂器，是為了將一整個樂團的音域和調性歸到一位演奏者掌控下而製造的。沒有任何一種樂器擁有鋼琴的廣度和音域。
當你把兩個這樣宏偉的樂器擺在同一個房間裡，演奏者便能彼此回應、交疊，就像你擁有管弦樂團的聲音，也同時擁有室內樂的親密感。

他們說到這裡，其他與會者紛紛抬起眉毛，發出贊同的聲音。「擁有管弦樂團的聲音，也同時擁有室內樂的親密感」這個說法既深刻又發人深省。突然之間，人們領悟過來，理解到為什麼德拉諾夫雙鋼琴基金會想致力保存雙鋼琴，也應該這麼做。

德拉諾夫雙鋼琴基金會為什麼要花十分鐘才能提出讓其他人在乎的訊息？你會以為致力於雙鋼琴藝術的組織應該比世上任何人都更能說明其音樂的價值何在。

事實是，他們確實比世上任何人都更深知為什麼雙鋼琴值得保存，但「知識的詛咒」讓他們無法充分表達這點。「保存雙鋼琴音樂」的宗旨在基金會裡很有效也很有意義，但出了基金會就顯得不清不楚。有幾位與會者後來評論，他們對「如果雙鋼琴從此消失，這個世界就變得不豐富了嗎？」這個問題心有戚戚焉。雙鋼琴有什麼特別之處？誰在乎呢？

如果你多年來日復一日地致力於雙鋼琴的保存，便很容易忘記世人大多從未聽過雙鋼琴。你很容易忘記自己是敲打者，而世人是聆聽者。雙鋼琴基金會被滿屋子的人不留情地質問：「為什麼？」但這反而拯救了他們。接連聽到三次「為什麼？」之後，他們才停止談論自己做哪些事，改談他們為

什麼做那些事。他們從一組沒有力道的聯想（只對認識雙鋼琴的人有用），移到另一組更深刻、更具體的聯想，可以和外行人產生情感連結。

連問三次「為什麼」能有效避免「知識的詛咒」（事實上豐田汽車會以「五個為什麼」來追根究柢，找出生產線的問題根源，你可以自行決定要問多少次「為什麼」）。**問「為什麼？」有助於提醒我們概念底下的核心價值、核心原則是什麼。**

幾年前，一群醫院行政人員請 IDEO 設計公司協助改善醫院的工作流程。IDEO 團隊深知他們的建議可能會遇到許多內部阻力，於是激勵醫院員工改變的第一步，是讓他們明白其工作流程存在著問題，同時也讓他們在乎這個問題。

IDEO 製作了一支錄像，從病患腿骨折後進急診室的觀點來拍攝。在錄像中，我們看見了病患看見的事物。我們變成病患，通過急診室大門，四處尋找掛號指示並與辦入院手續的院方人員溝通，但院方人員卻操著讓人聽不懂的醫學語言。

最後，我們總算躺上輪床，在醫院穿梭。我們看見長長的醫院天花板，只聞其聲不見人影，因為看不見誰在對我們說話。而且每隔一會兒，就有人把頭伸進我們的視野，不過大部分時候，我們只能枯躺等候，眼睛盯著天花板，不知道接下來會發生什麼事。

IDEO 的心理學家珍·富爾頓·蘇里（Jane Fulton Suri）說，醫院員工一看完這支錄像，那種效果是立即可見的。

「他們的第一個反應永遠是：『喔，我從來不明白……』」蘇里說，她喜歡「明白」這個字。醫院員工看這支錄像前，問題還不夠真實；看完之後，「馬上就出現了矯正問題的動機，這已經不再只是清單上的一條問題了。」她說。

IDEO 也創造角色扮演的練習，讓醫院員工能設身處地體會病患的感

受。練習任務包括：「想像你是法國人，想帶父親去醫院，但你不會說英語。」IDEO 正是以這類模擬聞名——透過模擬促使員工同情顧客處境。在某些脈絡下，多年的工作經驗似乎會侵蝕同理心，而 IDEO 的模擬就是要恢復我們對其他人天生的同理心。「企業界往往強調模式多過個例。」蘇里說，「但模式的知識面讓人們不再在乎事情」。

同理心來自個例而非模式——這層理解讓我們繞一圈後再度回到本章開頭德蕾莎修女的那段話：「如果我看到的是一群人，那絕不會行動。如果我看到的是一個人，我才會。」

要如何讓人在乎我們的概念？讓他們拿掉分析的帽子，創造給特定個人的同理心，顯示我們的概念與他們本來就在乎的事物有關。我們訴諸他們的私心，但也訴諸他們的身分——不只是現今的身分，也是他們想成為的那個身分。

我們永遠都應該為對象思考「這有什麼好處？」但也應該記得避開馬斯洛的金字塔底層。「這有什麼好處？」對受眾來說可能是美感動機，或是超越自我的渴望，而不是兩百五十美元的分紅。

弗洛伊德・李說：「在我看來，我不只是管供餐，更負責提振士氣。」誰不想成為像李這樣的領導人呢？

故　事

　　一個護士在新生兒加護病房工作，那裡的新生兒有需要治療和監測的重大健康問題。她已經持續看顧其中一個寶寶數個鐘頭，但情況不甚樂觀。嬰兒的膚色是潛在問題的關鍵指針，而他的膚色一直變化不定，有時是健康的粉膚色，有時是暗沉、看來有問題的膚色。

　　突然，才不過幾秒鐘，寶寶的膚色就發紺了。護士的心一沉，而在新生兒加護病房的其他人則大聲呼叫 X 光技術師和醫師來。

　　醫療團隊圍攏過來，他們認為寶寶的肺部塌陷，這是嬰兒使用呼吸器的常見問題。團隊進行氣胸的標準療程，包括胸腔穿刺、插管，從塌陷的肺四周抽出氣體，讓肺再度充氣。

　　但護士認為問題出在心臟。她一看到寶寶的膚色是可怕的黑藍色，就懷疑是心包積氣，也就是心臟附近的氣囊充滿了氣，向內壓迫到心臟，導致心臟無法跳動。護士十分驚恐，因為上一次她碰見心包積氣時，那個新生兒在問題確診之前就喪命了。

　　護士想阻止團隊七手八腳地治療肺部，「問題出在心臟！」她說。但另一位醫療成員指了指心臟監測器，要她看寶寶的心臟數值一切正常，心跳率穩定，維持在正常新生兒每分鐘一百三十下。那位護士還是非常堅持，她推開他們的手，大聲叫他們安靜，然後用聽診器檢查嬰兒的心跳。

　　沒有聲音——心臟沒有跳動。

　　她開始給寶寶進行胸部按壓。新生兒醫師衝進病房時，她將針筒塞進他手裡。「是心包積氣，」她說，「用針刺心包。」

　　X 光技術師這時也終於傳來了掃描結果，確認了護士的診斷。新生兒醫師將針刺進心包，緩緩吸出壓迫嬰兒心臟的氣體。寶寶大命不死，慢慢回復了正常膚色。

　　後來，醫療團隊才明白為什麼心臟監測器會誤導他們，這種監測器是用來測量心電活動，不是實際的心跳。寶寶的心神經產生衝動，告訴心臟要

以適當的心率跳動，但心包中的氣體卻讓心臟無法實際跳動。直到護士用聽診器聽心臟是否正常跳動時，他們才明白他的心跳已經停止了。

這是心理學家蓋瑞・克萊恩（Gary Klein）研究人在高壓、高風險的環境中如何做決策時所蒐羅的故事。他花時間研究消防員、航空管制員、電廠操作員、加護病房人員的環境。這則新生兒的故事出現在克萊恩的著作《力量之源》中「故事的力量」那一章。

克萊恩說，在他研究過的環境中，有些故事一再傳誦，是因為其中蘊含著智慧。

故事是有效的教學工具，顯示脈絡有可能誤導人們做出錯誤決策。故事顯示出人們先前未辨識出的因果關係，也突顯人們如何以出乎意料、足智多謀的方式解決問題。

在醫學上，上述故事提供了重要的教誨，教人了解要如何偵測並治療心包積氣這種特殊狀況。廣泛來說，這則故事也是在警告醫療人員不要太依賴機器，心臟監測器的功能完全正常，但無法取代人只用聽診器就能發現的洞見。

對不是從事醫療保健工作的人來說，這個醫學教誨不是特別有用，但這則故事還是能給每個人啟發。這是關於一名女子如何在從眾的潛在壓力下堅守立場的故事；這是小人物立大功的故事——在階級嚴明的醫院環境中，竟然是由護士來告訴新生兒主治醫師正確的診斷是什麼，這條小生命能活下來，全是因為她願意「擅離職守」。

因此，這則故事的威力是雙重的：提供模擬（關於如何採取行動的知識）也帶來啟發（行動的動機），請注意，模擬和啟發這兩種好處都能激發行動。在前幾章中，我們已經看到可信的概念如何讓人產生信仰，重視情感面的概念如何讓人在乎；本章則會讓我們看見，**正確的故事如何促使人採取行動。**

講故事給我聽

影印機或許是我們大多數人用過最複雜的機器，還有哪種日常機器是這樣結合光學、機械、化學、電機科技的？影印機能運作根本是奇蹟。不過，運作不來的情形也屢見不鮮。出現毛病（不是窩在小辦公桌前的人推拉紙盤幾次就能解決的問題）時，就需要有技術的維修師傅來排除狀況了。

研究者朱利安・歐爾（Julian Orr）花許多時間研究全錄影印機的維修員如何工作，他發現他們經常彼此交換故事。以下的例子就是一位全錄影印機業務午休打牌時說的故事（我們會以括號提出一些說明）。那位業務提到最近影印機的設計出現一項機械上的變動，以免多處零件燒毀造成常見的突波電流：

> 新的 XER 電路板設定不會在雙電暈管短路時燒壞電路板。不過，現在會觸動低壓電源上的二十四伏特聯鎖，然後就當機，但正常啟動時，卻顯示 E053 的錯誤代碼（這是個誤導人的錯誤代碼，因為代碼指出的機器部位和真正的問題無關）。
>
> 我剛在走廊那頭就出了這個問題，韋伯和我為了查根源，搞了四個小時，最後才發現不過是雙電暈管短路。我們好不容易讓機器跑很久，最後出現 E053 和 F066 的代碼，我們一檢查雙電暈管，就發現有一個完全短路了⋯⋯（歐爾描述說，牌戲為此停了很久）是啊，這例子很有趣吧。

和我們一樣，這群在餐廳打牌的仁兄只是在談工作。代碼 E053 的誤導在你的世界或許沒什麼好大驚小怪，但我們無疑也碰過類似的問題。

人為什麼要談工作？一部分原因不過是人性──我們想談論彼此都知

道的事。全錄維修員修的是影印機，所以談影印機很正常，但那不是唯一的原因。舉例來說，上面說故事的人大可以分享故事的梗概就好，不用深入細節：「我今天真是碰上了一個大麻煩——搞了四個小時才找到根源。解決了真令人開心。」他也可以直搗問題核心：「我忙了好幾個鐘頭，終於追查到問題的根源只是雙電量管燒毀罷了。你早上過得如何？」

相反的，他說的故事聽在同桌吃飯的同事耳裡，卻有意思得多。其中蘊含著高潮起伏——代碼的誤導讓兩人白忙一場，他們耗費不少心力，最後才發現問題比一開始想的還簡單。為什麼這種故事的形式會更有趣？因為同桌吃飯的同事才能進入狀況，他給他們足夠的資訊，讓他們在腦海裡設想自己會如何處理這個狀況。這樣一來，沒留意過代碼 E053 會失誤的人，這時就修正了自己的「E053 基模」。先前，排除代碼 E053 的方法只有一種，現在這些維修員曉得要留意「代碼 E053 失誤」的情境了。

換句話說，這個故事可以娛人，也有教育意義。談工作可以傳達如何對世界做出反應的重要線索，教會護士不要盲目相信心臟監測器，也教會影印機維修員要小心代碼 E053 的失誤狀況。

但上述故事也不只是關於珍貴資訊的傳達。全錄的故事發揮的作用，也不等同於以電子郵件告知全公司這件事：「要小心代碼 E053 與雙電量管燒毀相關的錯誤訊息。」這裡還另有深意，我們要花一點時間來揭露這些故事的額外價值。

故事與娛樂有強烈的關聯，電影、書籍、電視節目、雜誌都是如此。孩子說「講故事給我聽」時，是在求你給他一點娛樂，不是要你指點什麼。

當故事的「觀眾」似乎是一種被動的角色——畢竟從電視聽故事的觀眾叫做「沙發馬鈴薯」，但「被動」可能有點言過其實。我們讀書時，會覺得自己是被吸進作者的世界；朋友說故事給我們聽時，我們會打從內心產生共鳴；我們看電影時，也會認同主角。

　　不過，如果我們和故事的關係不是那麼簡單，而是更有戲劇性呢？有一個研究團隊就提出了令人興奮的證據，顯示故事「觀眾」與故事「主角」的分界，可能不是那麼分明。

　　這三位心理學家對人如何理解故事有興趣，他們為參與研究的人編了幾個故事，讓他們可以在電腦上閱讀。參與者分成兩組；第一組讀到的故事將關鍵物品與主角連在一起，例如「約翰穿上運動衫去慢跑」；第二組讀到的故事把同一個關鍵物品與主角分開：「約翰脫掉運動衫去慢跑」。

　　在兩句描述後，故事接著提到了運動衫，此時電腦會追蹤參與者花多少時間讀那個句子。奇怪的事發生了：讀到約翰慢跑前已脫掉運動衫的人，會比讀到約翰穿著運動衫去慢跑的人花更多時間讀那個句子。

　　結果很細膩但也耐人尋味，這暗示我們為自己聽到的故事創造出一種地理模擬。講「聽故事讓人在腦海裡看見景象」是一回事，我們都會認為這是自然而然的事，但說約翰把運動衫留在屋裡，也就是遺留在我們腦海的遠處角落，卻是另一回事。要讓那點成真，我們不能光是在腦海的大螢幕中把故事視覺化，還必須進行一點模擬，完整掌握故事描述的空間關係（不管多粗略）。

　　這些研究顯示，沒有什麼所謂的被動觀眾。我們聽故事時，腦海會跟著情節從一個房間走到另一個房間，我們一聽故事，就會開始模擬。但模擬有什麼好處？

心智模擬為何有效？

　　有個研究請加州大學洛杉磯分校的學生思考自己人生中的問題，這個問題讓現在的他「倍感壓力」，但未來可望解決，如功課和戀愛的問題。

研究人員告訴學生，這個實驗的目的是協助他有效處理問題，他們也給學生解決問題的簡短指示：「重點是要去思考問題，深入一點，考量自己能做哪些事，接著按部就班地處理……解決問題能減輕你的壓力，讓你滿意自己處理的方式，協助你從經驗中成長。」收到上述指示後，「**控制組**」學生便返家，一週後再回實驗室報告。

第二組學生是「**事件模擬組**」，研究人員請他們待在實驗室，在心裡模擬問題是如何發展成現在的模樣：

> 我們希望你想像這個問題是怎麼來的，請想像問題的起源，詳細回想第一次的事件……請一步步回想事件發生的過程。回想你當時採取的行動，回想你當時說了什麼，做了什麼？想像那個環境、現場還有誰在那裡，你又在哪裡。

事件模擬組的受試者必須逐步回溯導致問題發生的種種事件。回憶那一連串前因後果或許能幫助學生思考如何解決問題，就像試圖排除系統障礙的程式設計師。

第三組是「**結果模擬組**」，研究人員要他們在腦海模擬那個問題最後會出現的正面結果：

> 請在腦海描繪這個問題開始解決的樣子，你就要從那股壓力下釋放出來了……請想像你感到解脫的樣子，請想像你解決問題後的滿足感，想像你明白自己已成功解決問題時，產生的那股自信心。

結果模擬組將重心擺在他們希望獲得的未來結果上：問題一旦解決了，會是什麼樣子？

在這最初的練習後，兩個模擬組也返家。兩組人每天都得花五分鐘重複模擬一次，一週後再回來向實驗室報告。

現在請你在家猜猜看：迅速預測哪一組學生最能有效處理問題（暗示：不是控制組）。

答案是事件模擬組，也就是模擬事件如何展開的那組，他們各方面的表現幾乎都比較好。模擬過去事件帶來的助益比模擬未來結果的助益大多了。事實上，才在實驗室進行完第一節研究，各組的差異就立刻顯現出來。第一晚，事件模擬組就已經比另外兩組早一步體驗到情緒變得更為正面。

一週後，事件模擬組的優勢變得更顯著，他們更可能採取特定行動來解決問題，也更可能向他人尋求建言與協助，報告自己學到教訓並從中成長的人，也是這組比較多。

你會發現這個結果有點不符合你的直覺，因為在坊間的心理學著作中，大師們無不敦促你想像自己成功，但事實上，正面的心智態度還不足以完成任務。也許理財大師不該叫我們想像自己財源滾滾，反而應該叫我們重新想像導致我們變窮的那些歷程。

心智模擬為什麼有效？因為我們一去想像事件或前因後果，就不得不喚起身體實地活動時會喚起的那些腦部模組。腦部掃描顯示，人如果想像一道閃光，就會啟動腦部的視覺區域；想像有人拍他的皮膚時，就會啟動腦部的觸覺區域。心智模擬活動並不是只發生在大腦內，想像ㄅ或ㄆ開頭的字時，我們的嘴唇也會不自覺微微形成發音的唇型，想像自己正看著艾菲爾鐵塔的人，也會忍不住將眼睛往上移。心智模擬甚至能改變本能的生理反應：喝白開水卻想像自己喝的是檸檬汁，分泌的唾液會變多；更令人驚訝的是，喝檸檬水卻想像這是白開水，分泌的唾液竟也因此變少。

心智模擬能協助我們處理情緒，對付蜘蛛、公開演講、坐飛機等恐懼症，都存在著標準療法。治療師會請病人進行抑制焦慮的放鬆療程，然後請

他想像接觸到他恐懼的那樣事物是什麼感受。一開始會請他想像造成恐懼的邊緣事件，例如：請害怕坐飛機的人想像自己開車去機場。治療師會引導病人透過一連串視覺想像，逐步接近恐懼的核心（「現在跑道上的飛機引擎開始運轉了，聲音愈來愈大……」）每次想像引起焦慮時，病人就會停頓片刻，採用放鬆技巧來回復平靜。

請注意這些視覺想像都是聚焦於事件本身，也就是過程，不是結果，沒有人能靠想像自己擺脫恐懼後會有多快樂來治癒恐懼。

心智模擬有助於解決問題，即使是做平凡的計畫，以心智模擬事件也有助於我們想到本來可能忽略的事。想像自己去雜貨店的樣子，可以提醒我們順道去同一個購物中心的乾洗店，心智模擬協助我們對未來的各種情境預先做出適當反應。在心裡描繪和老闆可能起的爭執，想像他會說什麼，能引導我們屆時可以找出正確字眼（同時避免說出不該說的話）。研究顯示，心智預習可以協助人避免吸菸、酗酒、暴食等惡習的復發。想戒酒的人先在心裡預習週日超級盃開打時自己要如何因應，結果會比較好：如果有人起身點啤酒，他應該做何反應？

心智模擬也能協助你加強技巧，這可能是最令人驚訝的事。一份綜合三十五份研究、三千兩百一十四位參與者的報告顯示，單是心智模擬（靜靜坐著不動，想像自己從頭到尾成功完成一項任務）就能大幅改善人的表現。這些研究是從大量不同任務得出這項結果：心智模擬能協助人焊接得更好、飛鏢投得更準。長號手改進了演奏技巧，花式溜冰選手也溜得更順。不令人驚訝的是，心智練習對需要更多心智活動（如吹長號）的任務，比對身體活動（如維持平衡）更有用，但從心智練習獲得的平均好處仍然很大：整體來說，單是心智練習，大概就能產生實際身體活動的三分之二好處。

這裡的教誨很簡單：心智模擬不像實際做某件事那麼有效，但效果相去不遠。回到讓概念產生黏性的問題，我們要說的是，故事要能正確產生效

用，就要模擬，故事就像大腦的飛行模擬器。聽護士說那個心臟監測器的故事，當然比不上親身體會來得真切，但效果相去不遠。

我們也可以想想全錄錯誤代碼 E053 的故事。為什麼聽這則故事比從訓練手冊讀到「E053 顯示失誤」的警告更有效？那就和讓飛行員進行飛行模擬比讀一大堆指示卡更有效是同樣的道理，訓練愈能模擬我們必須實際面對的行動，就愈有效。

故事能產生力道，是因為提供了抽象文章所缺乏的脈絡，這就回到了記憶的魔鬼氈理論，我們給概念裝的小鉤愈多，概念就愈能產生黏性。代碼 E053 的故事蘊含著情緒，也就是找不出問題所在又受機器代碼誤導的挫折感。這個故事也有歷史背景，亦即造成這個代碼出錯的是「XER 電路板設定」近來的變化。最後，這個故事也傳達著後設層次的教誨：你不應該完全相信錯誤代碼，維修員日後可以將這種「代碼懷疑論」用在每份工作上。

醫師診斷出盲腸炎後，要治療並不難，難的是他要懂得分辨問題是盲腸炎、胃痛、食物中毒，還是潰瘍。也可以想想剛開始學代數的學生，他可以解出複雜的方程式，但面對改以文字描述的同一個簡單的數學運算題時，卻動彈不得。問題 X 並不總是以問題 X 的面貌出現。

這就是**故事扮演的角色──將知識放進更貼近人生、更忠於日常生活情境的框架**。就像飛行模擬器，故事的觀眾終究沒有那麼被動，我們的內在隨時準備行動。

案例分析

應付問題學生

情況 教授在課堂中偶爾必須面對這個麻煩——憤怒、咄咄逼人或愛作對

案 例 分 析

的學生。多數教授碰到這個情況會嚇一跳,不知道要做何反應。在這次的案例分析中,我們來比較兩段不同的訊息,兩段訊息都是要分享應付這類學生的招數。

訊 息 一 第一段訊息來自印第安納大學提供給教師的資源。

● 保持冷靜。放慢步調並調整你的呼吸,不要急著防衛。

● 不要忽視他們。請試著化解他的憤怒,安排在休息時間或下課後碰面。碰面時請認可學生的感受,聆聽他的想法,請以專業、有禮的態度說話。

分 析 一 請留意這裡沒有什麼出乎意料的訊息——沒有一件事不是常識(但假如面對問題學生很常見,我們又何必貼出因應訣竅?)。「保持冷靜」、「不要急著防衛」、「試著化解他的憤怒」等建議多半太抽象、太顯而易見,無法留下深刻印象(很少有老師會相信碰到問題學生要破口大罵)。

訊 息 二 第二個訊息是名為艾麗森‧巴克曼(Alyson Buckman)的教授貼在新聞群組的非正式訊息,她的目的是與群組中的其他老師分享她的經驗:

我有一個學生……老愛在我說話的時候在教室後面大聲講話。我從教室前面就聽得到他的高見,其他學生也聽得到。不管我說什麼,他對我的每個重點幾乎都有意見。

案 例 分 析

學生很快就開始在週記裡抱怨他的行為，也建議我如何對付他，通常是羞辱他。

一開始我試了幾個方法，但最後有一天，我還是在下課後把他和他在班上的密友叫到教室前頭來，和他們約時間來辦公室見我。我也確保和他們會面時，會有其他人在場——這是和別人共用辦公空間的好處之一。我相信另一個學生當他的密友是不得已的，他只是被利用來當成搗蛋的對象。

我和那個霸凌者碰面時，他戴著太陽眼鏡進來，舉止目中無人。我開口說：「你要不要告訴我你在教室後頭是怎麼回事……」他回答：「我不同意你說的話。」我試著敞開來談，但他不發一語。直到我告訴他其他學生也在抱怨，還建議我怎麼處理這種情形，他才抬起頭來聽。他的肢體語言完全改變，態度也是，從那時起，這位學生就不再找我的麻煩了。

我對這個小小教誨的基本理解是，學生對老師態度惡劣的時候，其他學生是很好的遏阻力。畢竟他以為自己是在替同學們出頭，卻反而落得被他們不理不睬的下場。

分析二 這則故事讓我們能模擬應付一位問題學生的過程，我們跟著巴克曼設法解決問題。請注意這個故事展現出了訊息一的許多重點，但不是用說的。這位教授試圖「化解」學生的憤怒，她安排「和學生私下談話」，從頭到尾她也都保持冷靜。

基本上，解決之道就是利用同儕壓力讓學生乖乖聽話，這個答案很具體，也很令人意外。這是非常識，我們可能會以為問題學生才不在乎同學怎麼想。我們同情巴克曼，所以也就在乎結果如何。在乎一個人比在乎一串指示清單更容易。

記分

清單	訊息一	訊息二
簡單	-	-
意外	-	√
具體	√	√
可信	-	-
情感	-	√
故事	-	√

關鍵要點 巴克曼教授的故事是處理問題學生的飛行模擬器,多來幾個像這樣的故事,就能更有效地訓練教授,也更有趣,比訊息一的分點清單更有用。

這個答案不是不假思索的答案,十個訓練部門中,有九個會寫出訊息一。我們必須抗拒直接跳到「訣竅」,而排除了故事的誘惑。

故事帶來啟發:賈爾德的故事

一九九〇年代末,速食龍頭潛艇堡(Subway)進行一波廣告促銷,宣傳其全新推出的潛艇堡十分健康。廣告詞是根據一項統計數字:七個潛艇堡不到六克脂肪。從運用統計數字的效應來看,這句廣告詞還不賴——才幾個字就把醫學壓了下去。但「七個堡不到六克」的概念還不如潛艇堡的下一波廣告更令人難忘,新廣告是關於大學生賈爾德‧福戈爾(Jared Fogle)的驚人故事。

賈爾德有嚴重的肥胖問題,大三時體重就已經高達四百二十五磅(約

一百九十三公斤）。他穿 XXXXXXL 號的襯衫，那是超大尺寸服飾店最大的尺寸，他的褲頭尺寸是六十英寸（約一百五十二公分）。

賈爾德的父親是印第安納波利斯的全科醫師，多年來一直警告兒子要減重，但沒有成效。後來，十二月的某一天，賈爾德唸醫學預科的室友發現賈爾德的腳踝腫了起來。他正確地診斷出賈爾德的水腫，這種狀況是因為血液無法傳送足夠的液體，導致液體殘留在身體裡所致，會造成糖尿病、心臟問題，甚至早期的心臟病發作。賈爾德的父親告訴他，從他的體重和整體健康來看，他大概活不過三十五歲。

十二月賈爾德看過醫生，春假來臨時，他決定瘦身。在「七個堡不到六克」的激勵下，他買了第一個火雞肉堡。他喜歡潛艇堡三明治，最後也為自己設計了一份全是潛艇堡的飲食計畫：中午吃一英尺（約三十公分）的蔬菜堡，晚餐吃六英寸（約十五公分）的火雞肉堡。

自稱吃了三個月的「潛艇堡飲食」後，他站上磅秤，數字顯示是三百三十磅（約一百五十公斤），吃潛艇堡讓他的體重在三個月內掉了將近一百磅（約四十五公斤），他加把勁又堅持了幾個月，有時甚至一天就減去一磅（約零點五公斤）。等健康回復得差不多時，他開始盡量多走路，不坐巴士去上課，甚至到百貨公司也選擇爬樓梯，不搭手扶梯。

一九九九年四月，《印第安納學生日報》（*Indiana Daily Student*）的一篇文章刊出賈爾德啟發人心的減肥故事，**轟**動全美。該文作者是賈爾德的前室友萊恩・科爾曼（Ryan Coleman）。科爾曼見到減肥後的賈爾德時，幾乎認不出他來，他以動人的筆觸，寫出了胖子賈爾德的生活：

> 福戈爾選課的時候，不是像大多數學生一樣選教授或上課時間。他選課是看教室的椅子塞不塞得下他的體型而定。
>
> 大多數人擔心的是找不找得到靠近校園的停車位，福戈爾則是擔心找

不到隔壁沒停車的車位——他得要更多空位才打得開車門，從駕駛座走出來。

這篇文章的末尾是賈爾德的一句話：「潛艇堡救了我，讓我重新做人，我此生難以回報。」這可能是第一次有速食連鎖餐廳因為異常而正面地改變了人的一生而立功。

一位《男士健康》（*Men's Health*）雜誌記者當時正在寫一篇標題為〈有效的瘋狂飲食〉的文章，他碰巧讀到《印第安納學生日報》這篇寫到賈爾德的文章，便也把「潛艇堡三明治飲食法」寫進文章。文中沒有提到賈爾德的名字，連他買的是哪家的三明治也沒有提，只大略提到是「潛艇堡類三明治」。

這一連串事件中的關鍵環節是一間潛艇堡加盟店的店長鮑伯·歐奎亞（Bob Ocwieja），他讀到這篇文章，認為頗具潛力，所以特地花時間找出潛艇堡芝加哥廣告處的電話，致電建議其創意總監理查·寇德（Rochard Coad）讀一讀這篇文章。寇德說：「起初我有點啞然失笑，但我們還是採取了行動。」

賈爾德是減重故事的主角，但歐奎亞和寇德才是我們這個概念故事的英雄。歐奎亞成功發現了這則故事的潛力，寇德則成功地以手上的資源推動概念。

寇德和哈爾·里尼（Hal Riney）廣告公司總裁巴瑞·克羅素（Barry Krause）派一位實習生到印第安納州的布盧明頓（Bloomington），大概只叫他找找這位實行三明治減肥法的神祕人士，也找出他吃的是哪家的三明治。也許賈爾德吃的是另一家叫做弗羅潛艇堡（Flo's Sub Shop）的三明治也說不定。

實習生拿不定主意該怎麼做，他想先到布盧明頓翻翻電話簿再說，再

從鎮上的潛艇堡店一間間找起。那位實習生很幸運，事情還來不及變得複雜就解決了，他造訪的第一間潛艇堡加盟店就在校園附近。他向加盟店描述他讀到的神祕食客的樣子，才講了第一句話，櫃檯店員就說：「喔，那是賈爾德，他每天都來。」

實習生滿載而歸。賈爾德是真有其人，也確實是因為吃潛艇堡而減掉好幾磅。廣告公司心想，我們可真是找到了好素材。

賈爾德的故事在這裡碰到了另一個難題。廣告公司總裁克羅素打電話給潛艇堡的行銷總監，告訴他賈爾德的故事，但那位行銷總監卻興趣缺缺。他才剛進潛艇堡不久，先前在另一間速食公司任職。「我見過這類例子，」他說，「速食廣告不能走健康路線。」他希望廣告聚焦於潛艇堡三明治的美味可口。

不過，為了讓克羅素死心，那位總監還是把賈爾德故事的廣告概念拿去請潛艇堡的律師評估，可以想見律師也說這支廣告做不得。這種像是提出醫學主張的做法可能會帶來麻煩，諸如此類，要避免任何麻煩的唯一一個方法是做出免責聲明：「我們不建議您自行採用這種方法減肥，請先諮詢您的醫師。」

這個概念似乎就此胎死腹中，但克羅素和寇德不死心。潛艇堡就和多數具加盟性質的公司一樣，用兩種方式做廣告：全國性廣告和地區性廣告。雖然潛艇堡的全國廣告部門否決了賈爾德的故事，但有些地區性加盟店卻很有興趣，也樂意以加盟店的廣告經費來播出廣告。

這時又出現另一個難題：加盟店通常不會實際出錢拍廣告，只出錢在當地播廣告，電視廣告通常是全國廣告部門出資製作。那麼，誰要來為賈爾德的廣告付錢呢？

克羅素決定免費製作這支廣告。他說：「這是我生涯中第一次、也是唯一一次，決定自行拍攝一支不會獲得報酬的廣告。」

　　廣告在二〇〇〇年一月一日首次播出——正好趕上人們每年一度的新年減肥計畫潮，廣告中的賈爾德站在家門前。「他是賈爾德，」旁白說，「以前他胖到四百二十五磅，」（畫面中的相片顯示他穿著腰圍六十英寸的褲子）「但幸好他採用自己所謂的潛艇堡減肥法，現在他的體重是一百八十磅（約八十二公斤）。」旁白描述賈爾德的飲食計畫，最後說：「這樣吃，再加上大量走路，有效減輕了賈爾德的體重。我們並不是說這對每個人都有效，在採用任何減肥法之前，您都應該先諮詢醫師，但這種飲食法對賈爾德有效。」

　　克羅素說，隔天一早，辦公室就湧進了源源不絕的電話。《今日美國》打來，ABC和福斯電視也打來，第三天，歐普拉也打來了。「這麼多年來，我和不少想獲得媒體關注的行銷人員談過，」克羅素說，「打電話給歐普拉的次數再多，也沒有一個人接通過。我的生涯中唯一一次聯繫到歐普拉，竟然是因為賈爾德，而且是歐普拉主動打來的。」

　　幾天後，潛艇堡的全國廣告部門打電話給克羅素，詢問能否在全國電視網上播出這支廣告。

　　一九九九年，潛艇堡的銷售額乏善可陳。二〇〇〇年，銷售額卻跳升了百分之十八，二〇〇一又再躍升百分之十六。當時施洛茨基（Schlotzsky's）、酷食熱（Quiznos）等其他（規模小得多的）三明治連鎖店，都是以每年百分之七的速度成長。

　　賈爾德的故事具有若干模擬的價值，讓我們多少可以想像採用潛艇堡減肥法是什麼樣子——午餐一個潛艇堡，晚餐一個潛艇堡，兩餐之間多走路。但這個故事與其說是飛行模擬器，更像是在打氣。這個大胖子用自己發

明的飲食法減掉了兩百四十五磅（約一百一十一公斤）！哇，對連要減掉最
初十磅都困難重重的人來說，這則故事無疑是當頭棒喝。

　　如同本章開頭的那則護士的故事，這則故事也能產生情感共鳴，即使
是對減肥不感興趣的瘦子也能從賈爾德的故事獲得啟發。他下了很大的賭
注，堅忍不拔地貫徹到底，這也是故事所提供的第二個重要的報償：啟發，
啟發就和模擬一樣，能促使人起身行動。

　　順道一提，請注意這支廣告的效能比「七個堡不到六克」的廣告好太多
了。兩支廣告都是以同樣的素材運作，強調潛艇堡賣的三明治營養、低脂，
也都提出了減重的承諾，但其中一支只算小有成功，另一支卻造成轟動。

　　我們在本書的主張（希望現在也已經成為你的信仰）是，你可以事先
就預測到，賈爾德的故事會比另一支廣告更成功。

　　請注意賈爾德的故事在 SUCCESs 清單上的表現有多優秀：

- **簡單**：吃潛艇堡可以減肥（老實說這樣說可能是簡化，加上大份美
  乃滋的肉丸潛艇堡可減輕不了你的體重）。
- **意外**：吃速食竟能減掉一大圈肥肉！這則故事違反了我們建立的速
  食基模，胖子賈爾德比瘦子賈爾德的形象更接近這個基模。
- **具體**：請想想超大號褲子、瘦一大圈的腰圍、某幾種三明治構成的
  飲食。非但不抽象，還很接近伊索寓言。
- **可信**：這則故事和潘姆・拉芬的反菸廣告同樣具有反權威的真實性。
  這可是穿著六十英寸腰褲子的傢伙給我們的減肥忠告！
- **情緒**：比起群體，我們更關心賈爾德這個人。這則故事也深入馬斯
  洛金字塔更細膩的區域——故事中的人在潛艇堡店的協助下，發揮
  了他的潛能。
- **故事**：我們的主角克服萬難獲得成功，啟發了我們起身效法。

再把「七個堡不到六克」拿到清單上相比：這個廣告很簡單，但請留意其核心訊息並不那麼強而有力。其核心訊息是「我們供應各式各樣的低脂三明治」，賈爾德故事的核心訊息卻是「吃潛艇堡減重，改變你的人生」。第一個訊息是在賣鑽頭，第二個訊息則是告訴你如何把孩子的相片掛起來。

「七個堡不到六克」沒有什麼令人意外的成分，賈爾德的故事威力十足，是因為違反了速食都很油膩的強烈基模。如果「七個堡不到六克」攻擊的也是同樣的基模，那大概只是擦邊球。

「七個堡不到六克」並不具體，數字具體不起來。這則廣告可信，只是因為沒有把標準設得很高──很少人聽到三明治含有的脂肪不到六克就五體投地，也就是說，我們不太需要廣告來說服我們。最後，這個廣告沒有情感渲染力，也不是故事。

本書的任何一位讀者都能自行分析這兩支斥資數百萬美元的全國性廣告，只要拿 SUCCESs 清單來左右比較，就能選出正確的廣告（不過請注意，沒讀過本書的人可能就不是那麼敏銳了，就連一輩子都在增進概念黏性的全國性廣告公司總裁，對賈爾德的故事也興趣缺缺）。

賈爾德的故事還有一個不容忽視的地方，也就是這個廣告要拍成，是經過許多人的努力。

請想想賈爾德的故事上得了電視，是歷經多少不可能的事件：潛艇堡加盟店經理得主動到向創意總監提起那篇雜誌文章（你的第一線員工會這麼做嗎？）創意總監要很敏銳才會投入資源給這個到來頭可能只是一場空的差事（這真的是投資報酬率很高的差事嗎？）廣告公司總裁也得免費製作廣告，因為他知道手上拿到的概念不簡單（不收錢吧！）潛艇堡全國行銷團隊也必須放下尊嚴，承認自己沒有接納賈爾德的故事是看走眼。

這些都不是無關緊要的小事，拍這支廣告的舉動也不是天天都在發生，有多少偉大的概念是因為中間經手的人（概念源頭與最終成品之間的環節）

斷了聯繫而無疾而終？在正常世界中，加盟店店主可能只會覺得賈爾德的故事很有意思，他會貼到告示板上，也就是通往廁所的那面走廊的牆上，給員工找一點樂子，賈爾德的故事很可能就在這裡戛然而止。

賈爾德的故事提醒我們，我們不是每次都得自行創造有黏性的概念。發掘有黏性的概念往往更容易，也更有用。歷史老師如果都能勤於切磋促進教學成效的方法，那會如何？非營利機構的志工如果都能隨時留意有沒有象徵性事件或機緣可以啟發機構裡的其他人，又會怎樣？要是老闆都願意為重要概念放手一搏呢？你不需要喜歡潛艇堡三明治，也能欣賞將絕佳概念付諸實現的過程。

發掘的藝術

我們要如何確保自己不會讓絕佳概念從眼下溜走，白白喪失賈爾德那類故事的潛力？發掘好概念不難，但眼力也要經過一番歷練。概念不會自己舉起旗子來吸引我們注意，我們得把自己當成追尋千里馬的伯樂，所以，我們究竟要尋找什麼？

在本書前言中，我們討論過有研究顯示，受過訓練懂得運用經典廣告模板的外行人，遠比未經訓練的受試者更能做出優秀的廣告。然而，有些廣告模板經過證實是有效的，同樣的，有些故事模板經過證實也是有效的，學會這些模板，就能大幅增進我們的眼力。

華倫‧巴菲特（Warren Buffett）曾投資羅絲‧布魯金（Rose Blumkin）的公司，也很喜歡講她的故事。布魯金是俄羅斯女性，二十三歲騙過邊境警衛來到美國，當時她不會說英語，也沒有接受過正式教育。

一九三七年，布魯金用自己存下來的五百美元開了一家家具公司，近

五十年後，這間家具店的年收益已高達一億美元。她到一百歲仍在工廠廠房一週操勞七天，事實上，她的百歲生日派對也是延到某一晚店門關了以後才舉行。

她的競爭對手曾因為她的家具售價過低而控告她違反公平交易協議，他們認為她賠售是為了把他們擠出業界。巴菲特說：「她向庭上解釋，她可以大打折扣又能獲利，還賣了法官價值一千四百美元的地毯。」

羅絲·布魯金的故事不是來自《心靈雞湯》，但很適合納入這本書。「心靈雞湯」系列已經成為出版界的奇蹟，至今已賣出四百三十萬冊，全系列共有三十七本，包括《心靈雞湯：父親之愛》、《心靈雞湯：護士的關懷》、《心靈雞湯：汽車競賽魂》等。

「心靈雞湯」系列帶來了各種心靈小品，各種振奮、鼓舞、勵志的故事。從那個意義來看，這些故事是都市傳說的相反，都市傳說多少會加強尖酸、悲觀、偏激的世界觀（陌生人會偷你的腎！思樂寶支持三K黨！麥當勞做蟲漢堡）！

而這些故事了不起的地方在於，《心靈雞湯》的作者不是編寫這些小品的人，只是發現並蒐集了這類故事。我們想了解這些心靈小品動人的原因是什麼，所以仔細鑽研了數百個從「心靈雞湯」系列和其他地方讀到的故事，尋找它們背後的共同點。

亞里斯多德相信戲劇情節主要有四種：簡單的悲劇、簡單的喜劇、複雜的悲劇、複雜的喜劇。編劇大師羅伯特·麥基在他的著作中列出了二十五類故事：現代史詩、幻滅情節等。我們逐一檢視眾多心靈小品（比故事窄得多的領域）後，發現總共有三類基本情節：挑戰型（Challenge）情節、連結型（Connection）情節、創意型（Creativity）情節。

原始的《心靈雞湯》有八成故事可以用這三種基本情節來歸類。也許更令人驚訝的是，這三類還可以用來歸納《時人》（People）雜誌六成以上

非關名人的故事，普通人要登上《時人》雜誌，通常是因為他們的故事能啟發他人。如果我們的目標是激勵並啟發他人，這三類情節可以給你正確的起步（順道一提，如果你是那種老於世故的人，認為「心靈雞湯」系列只是說得好聽，給不了你什麼啟發，你還是能找出這三種情節模板的價值，少讀一點情節當然無妨）。

挑戰型情節

　　〈大衛與歌利亞〉的故事是典型的挑戰型情節，主角成功克服了難以應付的挑戰，大衛用自己做的彈弓打倒了巨人。挑戰型情節有許多我們認得出來的變體：小人物立大功的故事、白手起家的故事、純粹以意志力撐過逆境的故事。

　　挑戰型情節的關鍵成分是，主角面臨著似乎令人生畏的重重障礙，賈爾德減重一百八十磅是挑戰型情節。賈爾德重兩百一十磅的鄰居只減掉一英寸腰圍不是挑戰型情節，我們腦海裡都儲存著大量的挑戰型情節：美國曲棍球隊在一九八〇年奧運中打敗蘇聯勁敵、阿拉莫戰役（譯註：一八三六年德克薩斯〔Texas〕為脫離墨西哥而陷入十三天苦戰，幾週後德克薩斯人以「記得阿拉莫」的口號成功反攻，使得這場戰役成為德克薩斯獨立戰爭的關鍵）、霍瑞修·愛爾傑的小說（譯註：Horatio Alger，十九世紀美國小說家，多半描寫貧窮少年奮鬥不懈的成功故事）、美國革命、海餅乾（譯註：Seabiscuit，一九三〇年代美國的一匹著名賽馬，戰功彪炳，成為其經濟大蕭條時期的精神象徵）、《星際大戰》系列電影（譯註：The Star Wars，美國導演喬治·盧卡斯〔George Lucas〕拍攝的系列電影，描寫絕地武士抵抗帝國黑暗勢力的史詩故事）、藍斯·阿姆斯壯（譯註：Lance Arm-strong，美國賽車手，曾獲國家公路自由車賽、環法自由車賽冠軍，後罹睪丸癌，病

情好轉後仍持續參賽)、羅莎‧帕克斯(譯註:Rosa Parks,美國黑人民權運動人士,因拒絕讓座給白人遭捕而掀起拒乘巴士運動,美國國會稱之為民權運動之母)等。

就算沒有上述例子那麼戲劇化,那麼有歷史意義,挑戰型情節還是能啟發人心,羅絲‧布魯金的故事就不包含任何名人在內。挑戰型情節的啟發有很清楚的輪廓,這些情節啟發我們是因為能喚起我們的堅忍與勇氣,讓我們想更認真進取,接受新挑戰,克服障礙。聽到布魯金把百歲生日派對延到店門關閉後的晚上才舉行,你多少會覺得清空自己車庫的雜物並不難,挑戰型情節能啟發我們採取行動。

連結型情節

「好撒瑪利亞人」的比喻,在今日是指自願幫助他人脫離危難的人。原本《聖經》中的「好撒瑪利亞人」的故事,確實也符合這個定義,但含意更深遠。

故事的開頭是一位律師問耶穌要如何才能獲得永生,律師的用意是測試耶穌,不是真的想求教。耶穌反問律師,他認為答案是什麼,律師的回答包含了「愛鄰如己」這樣的觀念。

耶穌接受了他的答案,接著律師(或許是希望減少他必須去愛的人數)說:「那誰算我的鄰居呢?」

耶穌的回答是說一個故事:

「有一個人從耶路撒冷下耶利哥去,落在強盜手中。他們剝去他的衣裳,把他打個半死,就丟下他走了。

「偶然有一個祭司從這條路下來,看見他就從那邊過去了。又有一個

利未人（Levite）來到這地方，看見他，也照樣從那邊過去了

「惟有一個撒瑪利亞人行路來到那裡，看見他就動了慈心，上前用油和酒倒在他的傷處，包裹好了，扶他騎上自己的牲口，帶到店裡去照應他。第二天拿出二錢銀子來，交給店主，說：『你且照應他；此外所費用的，我回來必還你。』

「你想，這三個人哪一個是落在強盜手中的鄰舍呢？

「他說：是憐憫他的。

「耶穌說：你去照樣行吧。」

（譯註：本段譯文取自中文和合本《聖經》）

對現代讀者來說，這個故事缺少了一點脈絡。故事中的撒瑪利亞人不只是一個好人，幫助那個受傷的人時，他更是跨越了巨大的社會鴻溝。當時撒瑪利亞人和猶太人（故事中的另外三個主要角色都是猶太人）之間的敵意甚深。那個撒瑪利亞人的浪人地位，就好比現代的「無法無天的暴走族」。

這則故事的教誨很清楚：好鄰人會表現出慈悲與同情，連對非我族類也是如此。

這就是連結型情節的真諦。這類故事是關於人建立關係來彌補鴻溝——種族、階級、人種、宗教、群體或其他鴻溝，連結型情節不必處理像好撒瑪利亞人碰到的那類生死大事。人與人之間的連結，可以縮小到像一罐可樂那樣小，可口可樂請「壞心」喬·格林（'Mean' Joe Greene）拍的著名廣告就是一例。瘦巴巴的白人小粉絲遇上高大威武的黑人運動明星，一罐可口可樂成為兩人的橋梁，這裡沒有好撒瑪利亞人，但顯然還是連結型情節。

連結型情節對浪漫愛情故事也很管用——羅密歐與茱麗葉的故事（或歷來票房最佳的電影《鐵達尼號》〔Titanic〕）便是一例。所有的連結型情節都能提供我們許多社會意義的啟示，讓我們想幫助他人，包容他人，更願

意與他人合作，相親相愛，連結型情節是「心靈雞湯」系列中最常見的情節類型。

挑戰型情節牽涉的是克服挑戰，連結型情節則是關乎人我關係。如果你要在公司的聖誕派對上說故事給別人聽，連結型情節可能是最佳首選。如果你是要在新計畫的開工晚會上說故事，挑戰型情節的效果最佳。

創意型情節

第三類啟發人心的故事是創意型情節。蘋果打中牛頓的頭，啟發他提出萬有引力定律的故事，可能是這類故事的原型。創意型情節是關於有人做出了心智突破，解開了長久以來的謎題，或是以創新方法試探問題，這是馬蓋先（Angus MacGyver）式的情節。

英格索蘭（Ingersoll-Rand）是製造汽車修理店用來打磨車體的工業用磨床等乏味產品的大公司。英格索蘭歷來推出新產品的速度很慢，平均每四年才有新產品上市，這樣的週期讓一位員工灰心不已：「我們推出新產品的速度，比我國決定參與二戰的速度還慢。」

英格索蘭決定改善他們緩慢的研發速度。該公司以每年（原來的四分之一）製作一種新磨床為目標，成立一支計畫團隊，依標準的企業文化理論，這樣成功的機率還是微乎其微。然而，那支磨床團隊做出了很多正確決策，包括運用故事來突顯團隊的新態度、新文化；例如，其中一個故事是關於要以塑膠還是金屬打造新磨床鑄件的關鍵決策，塑膠對顧客來說比較舒適，但能像金屬一樣耐用嗎？

英格索蘭過去解決這個問題的做法是對兩種材質的伸展性與壓縮性進行長時間的嚴謹研究，但磨床團隊不能這麼做，他們必須迅速行動，團隊中的幾位成員提出了一份不那麼正式的檢測程序。有一次要離開公司拜訪客戶

時，他們把兩種材質的樣本繫在租用車後方的保險桿上，拖著材質樣本繞停車場轉，一直繞到警察叫他們停下為止。他們的結論是，新的塑膠合成材質就和傳統金屬一樣耐用，他們據此定出決策。

磨床團隊歷來都把這個故事稱作「拖車試驗」，拖車試驗是一種加強團隊新文化的創意型情節。「拖車試驗」暗示：「我們還是要有正確的數據才能做決策，只是我們必須加緊做。」

團結是團隊達成使命的關鍵，著名探險家恩斯特・薛克頓（Ernest Shackleton）在他的探險（顯然是經典的挑戰型情節）中就面臨了這個問題。叛變有可能害死每個團員，為了處理愛發牢騷、抱怨連連的團員，薛克頓想出了一個有創意的解決方法：他要他們睡在他的帳篷裡。其他人分組做雜事的時候，他就把愛抱怨的人歸到自己這組來，因為他時時在場，他們對團隊的負面影響就此降低。創意型情節會讓我們想要別出心裁，變得有創意，試驗新方法。

回顧這些情節不是為了協助我們構思故事，除非你是要寫小說或廣告詞，否則幫助不大。本章的目的是學習如何發掘有潛力的故事，如果有人把賈爾德的文章擺到我們桌上，我們會希望自己能馬上發現那些關鍵元素。這位仁兄面臨巨大的關卡，最後予以克服——這是挑戰型情節，挑戰型情節能激勵人接受挑戰，積極進取。如果那個感覺與你想達成的目標一致，那就要好好利用那個故事，不要只是貼上佈告欄。

如果你是有意革新公司文化的磨床團隊領導人，那就必須時時留心尋找創意型情節，如果你聽到團隊中有人開車拖著金屬樣本繞停車場跑，那你就找到目標了。

要知道自己在尋找什麼，你不必自行捏造，也不需要誇大，或是像「心靈雞湯」系列那樣變成通俗劇（拖車試驗並不像通俗劇），你只需要辨識出人生賜予你的禮物。

世界銀行的故事
——跳板型故事告訴人們可能性在哪裡

　　一九九六年，史帝芬‧丹寧（Stephen Denning）服務於世界銀行，這間國際機構提供貸款給開發中國家進行學校、道路、水利設施等基礎建設的興建計畫。當時他負責掌管銀行在非洲的工作，那也是世界銀行第三間最大的分行，而且看來可望迅速攀升到組織最高層。

　　後來，他兩位良師中的一位退休了，另一位也離開銀行。不久後，銀行便請他離開非洲分行的職位，改去「研究資訊議題」，他的主管請他探索知識管理領域。丹寧說：「這間銀行關心的可是資金流通，不是資訊流通，這個新任務就等同於把我發配邊疆。」

　　那份工作不僅沒有什麼升遷吸引力，更令人望而生畏。世界銀行深知如何在開發中國家做出成績，但那些資訊是分散在組織各處。世界銀行在全球各地有數十個計畫——雖然有核心行政體系，但可想而知，地方分行才懂得各地的營運訣竅，從某個意義來看，每個計畫都自成一個小宇宙。尚比亞的水利專家也許對當地政治協商很有一套，但他不可能有機會與孟加拉的高速公路專家分享他的經驗。兩位經理都不可能知悉彼此的存在，除非他們碰巧有共同的朋友圈或共同的前同事。

　　丹寧接受指派一個月後，他和一位剛從尚比亞回國的同事吃飯，這位同事在那裡進行保健改善的計畫，母親與孩童尤其是計畫重心。這位同事在尚比亞期間，在卡馬納（Kamana，距離尚比亞首都三百六十英里的小鎮）碰到一位醫療保健工作者，他正試圖防範瘧疾在社區中的擴散，同時尋找克服瘧疾的資訊。他設法連上網際網路，從亞特蘭大疾病與預防中心（Centers for Disease Control, CDC）的官網發現了所需資訊（請注意這件事是發生在一九九六年，網際網路不是找資訊的人最先想到的地方，特別是在非洲）。

　　丹寧說，當時他對這則故事沒有多想，只想成是表現同事足智多謀的趣味軼事，後來他才猛然驚覺，這個尚比亞的故事完美展現了知識管理的力量。主掌計畫運作的人需要資訊，所以他去尋找，也找到了，結果他的行動也變得更有效率。那就是知識管理的願景——只是不該讓那位醫療保健工作者四處碰壁，最後連上 CDC 網站才獲得正確資訊，應該要讓他能連上世界銀行的知識管道才對。

　　丹寧開始在與同事的談話中提到這個故事，強調世界銀行應該把知識管理當成優先事項才對；幾週後，他獲得與資深管理高層談話的機會。依議程，他只有十到十二分鐘的發言時間，他必須在那段時間內介紹新的組織策略，還要獲得委員會的背書，條件很苛刻。

　　丹寧先設定好問題：世界銀行在整合知識上有哪些困難，還有其資訊體系的癱瘓狀態。接著，不同於大多數人的做法，他沒有老調重彈地說明知識管理的規定，也沒有引用權威來說明知識管理在二十一世紀的重要性，而是一改常態，提起尚比亞的故事。

　　報告一結束，兩位主管便迅速追上丹寧，開始砲轟他怎麼不做些事來讓計畫起步。丹寧心想：「這場對話也真奇怪，十分鐘前這些人還不願意抽空見我，現在反倒指責我做得不夠，沒有落實他們的理念。太過分了，他們偷走了我的理念！」接著他轉念一想，心情也開朗起來：「這太棒了，他們偷走了我的理念，這下子也變成他們的理念了！」

　　幾年後，丹寧離開了世界銀行，致力宣揚他從說故事這門技藝學到的教誨。二〇〇一年，他寫下深具洞見的著作《跳板》。丹寧將跳板型故事定義為讓人們看見既存問題可以如何改變的故事，跳板型故事告訴人們可能性在哪裡。

　　跳板型故事的一大優點是可以戰勝疑心，讓人敞心接納。丹寧認為，說故事的概念一開始也違反他的直覺，他一向相信有話直說的價值，也擔心

故事會交代得不清不楚，搔不到癢處，落得像一則閒談趣聞。他認為：「何不開門見山把訊息講清楚？何必大費周章地帶聽眾兜圈子，直接道出抽象指令不是簡單多了嗎？何不正中聽眾的腦門？」

問題是，當你想正中聽眾的腦門，他們的反應卻是回擊，你是怎麼傳達訊息，就暗示著他們應該做出怎樣的反應。如果你提出論點，就隱含著請他們評價你的論點的意思，也就是予以評判、辯論、批評，然後提出反論（至少在他們心裡）。但丹寧主張，說故事能讓聽眾投入，說故事時，你是請人們投入這個概念，邀他們與你一同加入。

丹寧談到要讓「腦海中微小的聲音」發言，正常來說，那個聲音會辯駁講者的論點。「傳統的溝通觀念是忽視腦海中那個微小的聲音，希望那個聲音保持安靜，讓訊息順利過關。」丹寧說。但他提出了不同的建議：「不要忽視那個微小的聲音……請反過來與之和諧共處，讓它參與其中，發揮作用。說一個故事，再從那個微小的聲音引出第二個故事。」

跳板型故事除了能讓人接納，也能促使人起身行動。故事讓人聚焦於潛在的解決之道，在故事中提出可見的目標與障礙，可以讓聽眾進入解決問題的模式。我們讀到的故事不同，要解決哪些問題顯然也會跟著不同，我們不會在看《鐵達尼號》時尋思要如何改善郵輪的冰山偵查系統，但我們確實會同情主角，在他們面對問題時為他們打氣：「看看你背後！」「叫他下來啊！」「別開那扇門！」

但跳板型故事不只要我們為主角解決問題，也協助我們為自己解決問題。跳板型故事是因人適性的練習——每個聽眾都可以用同一則故事當跳板，跳往略為不同的目的地。

丹寧說完尚比亞的故事後，開會的一位主管便將知識管理的概念帶給世界銀行總裁，主張這是銀行的未來，丹寧獲邀向銀行的領導階層報告，包括總裁在內。那年年底，總裁宣布將知識管理列為銀行的首要任務之一。

留意日常生活好故事

本章是從護士的故事開始，這是研究者蓋瑞・克萊恩蒐集的故事。克萊恩還說了另一個故事，可以為我們涵蓋的議題提供很好的總結。

一場大會的主辦人請克萊恩的公司為會議提出總結。主辦人希望拿到的是會議的有用結論，要比逐字稿精簡，又要比每位報告者的個人PowerPoint 幻燈片更有條理。

克萊恩的公司派人去側錄大會同時進行的五場會議，側錄員參加每場專題討論，每當有人說故事，他們就記下來。大會結束後，側錄員比較彼此的筆記，克萊恩說他們發現彼此記下了許多「有趣、悲傷又刺激」的故事，他們將這些故事編製成冊，寄給大會主辦人。

主辦人大喜過望。她發現那些資料比典型的會議論文集生動、有用多了：典型的會議論文集都是艱澀、充滿術語的摘要，她甚至向主辦單位申請經費將這些紀錄編成書。同時，基於禮貌，她也將摘要紀錄寄給大會的所有報告人。

不料，他們勃然大怒。他們覺得把那些故事從其整體架構中抽離是一種侮辱——他們可不希望別人認為他們是講了一堆故事和軼聞的人，他們覺得自己焚膏繼晷為的就是把自身經驗轉化為一系列的建議。的確，他們早先寄給大會主辦人的摘要都充滿了智慧小語，例如「保持溝通管道暢通」、「別等問題累積太久」等。

克萊恩說：「我們想向他們解釋，這些口號比故事還沒有意義，例如其中有一個故事就展現出了他們如何在工廠關閉的艱難時期依舊保持溝通管道暢通。」但報告人不為所動，這項計畫於是流產。

這是本書中我們最喜歡的一則故事，因為它充分地展現了不同力量的拉鋸。

我們無意將報告人描寫成不欣賞新概念的壞人，請設身處地想一想，你寫出了一份精彩報告，總結你多年下的功夫，而你的目的是協助人們熟悉這個你已建構多年的架構，你建立的可是一個非凡的知識體系！然後，克萊恩的團隊來到這個體系前，從牆上挖出幾塊磚，想把這幾塊磚當成你多年心血的結論。好大的膽子！

當然，問題出在要用九十分鐘傳授這個體系是不可能的，你頂多只能遞出幾塊磚頭，但只從屋頂挖幾塊屋瓦下來也是行不通的，而那正是「保持溝通管道暢通」這類建言的做法。

假設你是要在會議上對同事講話的諾斯壯百貨經理，你的最後一張報告幻燈片可能寫著：「諾斯壯百貨的教誨：在零售店，出色的客戶服務是競爭優勢的關鍵來源。」之前你談到第四張幻燈片時，可能曾打趣地提到諾斯壯人為顧客包裝他們在梅西百貨購買的商品的故事。克萊恩那些傢伙選擇保留的就是你這則包裝禮品的故事，不是你的關鍵句，他們做的選擇非常正確。

在「簡單」和「意外」那兩章，我們提過優秀的訊息必須從常識邁向非常識。對照之下，「保持溝通管道暢通」、「別等問題累積太久」等忠告說的除了常識還是常識（克萊恩認為，這些教誨可能是要給碰到棘手問題時寧可關閉溝通管道，坐著什麼也不做的人看的）。

「知識的詛咒」再度迷惑了這些報告人，他們分享「保持溝通管道暢通」等教誨時，腦海裡聽到了旋律，心中充滿了熱情與感觸。他們會想起教給他這些教誨的經驗──那些掙扎、政治鬥爭、失策、痛苦……他們是敲打者，但忘記聽眾聽不見他腦海裡的旋律。

故事幾乎能獨力攻克「知識的詛咒」，事實上，故事天生就體現了SUCCESs清單中的人多數特質。故事幾乎永遠是「具體」的，故事也大多具有「情感」與「意外」成分，有效運用故事最難的部分是，要確保故事「簡單」，反映出的核心訊息。

故事說得高明還不夠，更必須反映你的訴求，你可不希望一位將軍在戰前集結部隊，只為了說一個連結型情節的故事。

故事擁有非凡的雙重力量，既能模擬，又能啟發人心。而大多數時候，我們甚至不需要發揮高度創意來駕馭那股力量——只需要隨時留意日常生活帶給我們哪些好故事就夠了。

黏性從哪裡來？

有時就算我們想奮力阻止，概念還是自然而然產生了黏性。一九四六年，萊奧‧杜羅赫（Leo Durocher）是職棒道奇隊教練，他的球隊是國家聯盟的首席球隊，而其歷來的一大對手紐約巨人隊，卻正在谷底掙扎。

在道奇隊與巨人隊的一場比賽中，杜羅赫當著一群體育記者的面嘲笑巨人隊。其中一位體育記者反唇相稽：「你怎麼不行行好，改改自己的個性？」杜羅赫指著巨人隊的球員休息室說：「行行好？你看那裡，你見過比密爾‧歐特（Mel Ott，巨人隊經理）更好的人嗎？還是比巨人隊球員更好的人？他們不就是世上最好的人嗎？現在他們在哪兒？第七名啊！」

雷夫‧凱斯（Ralph Keyes）在談錯誤引言的著作《好男人吊車尾》中描述，杜羅赫說完這話一年後，開始有人引述他的話。《棒球文摘》（*The Baseball Digest*）的引句是：「好男人只能吊乙級聯賽的車尾。」不久，在口耳相傳下，這句挖苦的話變得更簡單、更普遍，最後成為對人生的偏激評語：「好男人吊車尾。」這裡沒有提及巨人隊，也沒有提到第七名——事實上，再也沒有任何棒球的指涉，只剩下「好男人吊車尾」。

在概念市場打滾多年的這句話，最後終於讓杜羅赫生厭。多年來他都否認自己說過那句話（當然他是對的），但最後他認輸了。「好男人吊車尾」成了他的自傳書名。

歷來引用錯誤的句子中，最著名的要屬小說偵探夏洛克‧福爾摩斯（Sherlock Holmes）。福爾摩斯從來沒說過：「這只是基本常識，我親愛的華生。」（"Elementary, my dear Watson."）這似乎令人難以置信——這句話完美吻合我們的福爾摩斯基模。其實，如果你請別人舉出福爾摩斯說的一句話，人們往往也會舉這句話，而他最著名的話竟是一句他不曾說過的話。

為什麼這句不存在的話黏性如此強？我們不難想像中間必定發生了哪些事。福爾摩斯經常說「我親愛的華生」，也時常說「這只是基本常識」。從福爾摩斯偵探小說引用句子的人，自然很容易犯下這種錯誤，把兩句合為

一句。就像適應環境的生物變異過程，這個新組成的句子因為更精進，所以不禁流傳開來。畢竟這十幾個字（英文才四個字）就涵蓋了福爾摩斯的精髓：那位傑出的偵探絕不會忙到擺不出架子給他忠實的夥伴看。

在「簡單」那一章，我們說過一九九二年柯林頓選戰的故事，卡維爾當時的著名箴言是：「笨蛋，問題出在經濟。」上文提到，這句箴言是卡維爾寫在白板上的三個句子之一。來一個即席測驗：另外兩個句子是什麼？

另外兩個短句是「改變 vs. 維持現狀」和「勿忘健保」，那兩句沒有黏性。所以，卡維爾應該對「笨蛋，問題出在經濟」這個概念的成功覺得滿意嗎？一方面，他的短句引起了非常強烈的共鳴，因而成為打選戰的強力工具；另一方面，這表示他的訊息只有三分之一成功打進人心！

我們提起這些例子是因為，**概念有沒有黏性，有一部分也取決於聽眾**。聽眾可能會改變你概念的原意，就和杜羅赫的例子一樣。聽眾也可能實際改進你的概念，福爾摩斯的例子就是如此。聽眾還可能保留你的一部分概念，但捨棄你的其他概念，卡維爾的例子就告訴了我們這點。

我們都很容易以概念發想人的身分自豪，希望自己的概念能以本來的形式流傳。聽眾改變他的概念時，杜羅赫的反應是不斷抗拒、否認、排斥……最後才總算接納。

我們在任何情況下都應該問自己這個問題：我的概念經過聽眾的轉化，原來的核心還在嗎？在第一章「簡單」中，我們討論過聚焦於核心概念很重要──要反覆錘鍊我們必須傳達的關鍵真相。如果世人接納但轉化了我們的概念，或是只接納其中一部分、捨棄其他部分，我們就只需要決定變化後的版本是否仍保有核心了。

如果核心仍在（就像「笨蛋，問題出在經濟」），那我們應該虛心接納聽眾的指教。畢竟，我們這個為概念發想的人成不成功，不是取決於別人有沒有逐字模仿自己的話，而是有沒有達到我們的目的。

戴上「核心概念」的眼鏡

卡維爾、杜羅赫、福爾摩斯的作者亞瑟・柯南・道爾（Arthur Conan Doyle），都是概念的發想人，他們從無到有地創造出概念。但我們也別忘記，發掘有黏性的概念和創造概念一樣有效。

請想想諾斯壯百貨，你不太能夠平空編出售貨員如何開心地為顧客從梅西百貨買來的貨品包裝的故事，但你聽到那類真實故事時，就必須警覺到其中的概念潛力。不過這是說來容易做來難。

發掘概念的困難在於，我們處理軼聞的方式，和處理抽象概念的方式不同。

如果諾斯壯百貨的經理聽到類似「本季要增加一成的客戶滿意度」之類的抽象概念，那個概念會自動進入其管理思維：我們要如何從現況到達那裡？但處理輪胎防滑鏈退貨、在嚴冬為客戶暖車的售貨員的故事，激發的是不同的思維。這些故事很可能會被歸到日常個人新聞的其他類別，雖然有趣但終究無關緊要，就像約翰剃了頭、詹姆士連續七天遲到一樣。在某個意義上，我們腦海裡有一道區分小事（例如故事）和大局的牆，要發掘概念，我們就要拆毀那道牆。

要如何拆毀那道牆？大概可以從買禮物給親人的情況來思考。如果我們知道聖誕節或某人的生日要到了，腦海裡就會不停出現一個小念頭，叮囑我們：「老爸是喜歡小機件的人，所以我要留意有沒有很酷的小玩意。」雖然幾乎察覺不到，但如果在十二月八日那天，我們碰巧看到一台伸縮輪轉式雷射燈，我們很可能會立刻發現，這也許很適合送老爸。

拿到概念的世界來看，也就是內心要始終抱持著我們想傳達的核心訊息。就像我們戴上「老爸的禮物」這副眼鏡，從他的觀點來看商品，我們也可以戴上「核心概念」這副眼鏡，讓我們從那個觀點篩選每天接觸到的概

念。如果你是一心想改善客服品質的諾斯壯百貨經理，這副濾鏡能協助你發掘暖車的故事，不只是看成趣聞，更看成是完美客服的象徵。

在前言中，我們揭穿了人要有天生創意才能提出高明點子的常見迷思，你不需要是創意天才。不過在那之外，明白這點也非常重要：你根本不需要創造。

請回想本書中那些被發掘而非創造的概念：諾斯壯人、賈爾德、土星環之謎、反權威癮君子潘恩・拉芬，還有忽視心臟監測器改用聽診器聽診，結果救了寶寶一命的護士。慧眼獨具的伯樂絕對能勝過高明的概念發想人，為什麼？因為一個人再怎麼天賦異稟，也不可能想出世上所有的絕佳概念。

只說一個重點，勝過十個重點

每年到了第二個學期，奇普在史丹福大學的「如何讓概念具有黏性」課就會請學生參與一項練習，藉由可測試的憑據來顯示哪種訊息具有黏性，哪種訊息沒有黏性。學生會收到從美國政府取得的一些犯罪模式的相關數據，其中一半學生必須演講一分鐘，說服同學非暴力犯罪在國內已經成為嚴重問題，另一半學生則要守住非暴力犯罪在國內並不特別嚴重的立場。

如你所料，史丹福的學生很聰明，多半也思緒敏捷，口才便給，教室裡沒有人不是舌粲蓮花。

學生們分成小組，每個人都要做出一分鐘的演講給其他小組成員聽。每場演講結束後，聽者則要為演講者評分：他說得動不動聽？有說服力嗎？

一如既往，最能言善道的演講者得到最高的評分。從容自若、具有領袖魅力的學生，是全班獲得最高分數的人，不令人意外吧？優秀的演講者在演講比賽中得分也最高。

　　令人驚訝的事在後面。練習看似結束了，事實上，奇普通常會播放蒙提・派森（Monty Python，譯註：一九七〇年代廣受歡迎的英國喜劇團體）的表演片段來打發幾分鐘，讓學生分心。接著，他會突然請他們拿出一張紙，回想並寫下他們從每位演講者口中聽到的每個概念。

　　學生很錯愕自己記得的並不多。請注意，所有演講結束才不過十分鐘，再說資訊量並不多——頂多就是八段各一分鐘的演講，然而，學生能想起每段演講的一、兩個概念就算不錯了，有些演講只落得讓多數人的記憶一片空白——他們連一個概念也想不起來。

　　在平均一分鐘的演講中，學生典型引用了二・五個統計數字，十位學生中只有一位說故事，這是演講這一方的統計。至於「回想」那一方的統計，差不多也反映出同樣的比例：老師要求學生回想演講內容時，百分之六十三的人記得那些故事，只有百分之五的人記得任何一個統計數字。

　　此外，「演講天分」和增進概念黏性的能力之間，幾乎沒有什麼關聯。魅力四射的演講者通常並不比其他人更能增加概念的黏性。外國學生因為說起英語不那麼字字珠璣，所以演講技巧的得分往往墊底，但在這方面的分數卻突然與本地學生不相上下。

　　黏性界的明星是以說故事或強調情感面來傳遞重點，或是只說一個重點而不是十個重點的學生。先讀過本書再參加練習的外來學生，毫無疑問能壓倒群雄。以英語為第二語言的社區大學學生要表現得比史丹福大學的研究生更優異，也不是難事。

　　為什麼這些聰明、有才氣的演講者無法讓概念深入人心？本書討論過的幾個反派可能是答案，頭號反派是我們捨本逐末、埋沒導言的天生傾向，讓我們容易迷失在資訊的大海中。博學多聞或見多識廣的一個最大的缺點就在，我們忍不住不去傾囊相授。高中老師可以告訴你，學生寫研究報告時，總覺得自己有義務把發掘到的每個事實寫出來，彷彿報告好不好取決於累積

的數據量，而不是目的或明晰性。捨去資訊而集中在核心要點上，不是直覺想做的事。

第二個反派是聚焦於表現而非訊息的傾向。公開演講者自然會想顯得沉穩、有魅力、動機十足，領袖魅力也確實能讓構思良好的訊息更深入人心。但再多的領袖魅力，也救不了晦澀、沒有重點的演講，有些史丹福大學的學生就狠狠地受到了這個教訓。

去蕪存菁，找出核心

本書還有兩個史丹福學生不用煩惱的大反派。一個是決策癱瘓──因為選項過多或情況曖昧不明而產生的焦慮與非理性。請想想那些既不去聽精彩演講、也不去看偉大名片的學生，他們不去正是因為無法決定哪個選項更好。還有 Palm Pilot 研發團隊的領導人傑夫・霍金斯，他得煞費苦心才能讓團隊只專心處理幾個重點，避免大量分心。

為了克服決策癱瘓，溝通者得下功夫去蕪存菁，找出核心。律師結辯時必須只強調一或兩個重點，不是十個重點。老師計畫這堂課可能要與學生分享五十個概念，但為了有效傳達，他必須將大部分心力集中在加強其中兩、三點的黏性上。經理人也必須分享「人名，人名，人名」、「天底下票價最便宜的廉價航空」等格言，來協助員工在曖昧不明的情況下做出決策。

如你所知，黏性概念的極惡反派是「知識的詛咒」。史丹福的學生不用面對「知識的詛咒」是因為他們從未接觸過那些刑案數據，那是全新的資訊──他們比較接近寫新聞報導要盡力避免埋沒導言的記者，而不是已經忘卻一無所知是何滋味的專家。

「知識的詛咒」是可敬的對手，因為就某個意義來說，碰上這個對手

是難免的。成功傳達訊息要經過兩個階段:「獲得回答」階段和「告訴他人」階段。在「獲得回答」階段,你必須運用專業技能獲知你想分享的概念。醫師十年寒窗正是為了獲得答案,企業經理人苦思數個月,也是為了獲得答案。

難就難在:在「獲得答案」階段助你一臂之力的那些因素,到了「告訴他人」階段卻會反咬你一口。為了獲得答案,你需要專業技能,但擁有了專業技能,又不得不落入「知識的詛咒」。你知道別人所不知道的事,但你已經不記得一無所知是什麼滋味,所以當你要分享答案時,就很容易把聽眾當成自己來溝通。

你會提出大量統計數字,因為那是獲得答案的關鍵——你也會像史丹福的學生那樣,事後發現沒人記得你說了什麼。你會分享關鍵要點,也就是你研究、分析了數個月好不容易獲知的最高真相,但你也會像對第一線員工強調「將股東價值最大化」的執行長一樣,發現沒有人搞得清楚你的關鍵要點和日常工作有什麼關聯。

我們花大量時間訓練人們追求答案,奇怪的是卻絕少訓練人們去學習如何將答案告訴他人。沒上過任何一堂溝通課,而要從醫學院畢業或拿到企管碩士的學位,並不是難事;大學教授為其專業領域修過數十堂課,卻完全沒有修過任何一堂如何教學的課;工程師多半也對「告訴他人」的訓練課程嗤之以鼻。

企業經理人似乎相信,只要他們把 PowerPoint 的幻燈片一張張按完,說明他們的結論,就能成功傳達概念,但他們做的其實是分享數據。如果他們是優秀的講者,甚至能在員工和同事心中打造出自己「很有決斷力」、「很懂管理」、「很懂得激勵人心」的形象。不過,就如同史丹福的學生在意識到自己說的話沒有任何影響力時,卻非常驚訝:他們分享了數據,但沒有創造出任何經久耐用的概念,他的概念沒有任何黏性。

增進概念黏性的五個步驟

為了**讓概念產生黏性**，經久耐用，必須讓聽眾：

1. 注意
2. 聽懂並記得概念
3. 同意／相信
4. 在乎
5. 產生行動力

本書原本可以從這五個步驟形成架構，但保留到結論才透露，是有原因的。「知識的詛咒」會輕易讓這個架構失靈，當專家問自己：「人們聽得懂我的概念嗎？」他的答案是肯定的，因為他自己懂（「我的聽眾當然聽得懂什麼是「把股東價值最大化！」）當專家又問自己「人們會在乎嗎？」他的答案也是肯定的，因為他自己在乎。請想想德拉諾夫雙鋼琴基金會的例子，他們說：「我們存在的目的是保護、保存、促進雙鋼琴音樂的發展。」但後來卻震驚地發現，那條宗旨只對他們自己有用，喚不起別人的熱情。

SUCCESs 清單是用來替代上述架構，長處是較實際，也較不會落入「知識的詛咒」，回想本書前面章節，你會發現兩者的架構可以完美契合：

1. 注意：意外
2. 聽懂並記得：具體
3. 同意／相信：可信
4. 在乎：情感
5. 產生行動力：故事

　　因此，與其猜測別人能不能理解我們的概念，應該要問：「這具體嗎？」與其懷疑別人會不會在乎，應該要問：「這富於情感嗎？有超越馬斯洛金字塔的底層嗎？這是強迫人戴上分析的帽子，還是讓他們產生同理心？」（順道一提，「簡單」不在上面的清單裡，因為「簡單」主要是關於「獲得答案」的階段，精心錘鍊你的核心訊息，使其盡量簡練。但「簡單」的訊息是整段過程的助力，尤其能協助人理解與行動）。

　　因此，SUCCESc 清單是處理溝通問題的理想工具。我們來看看溝通問題有哪些常見症狀，又要如何回應。

案例分析

訊息無法引人注意

症狀　「沒有人在聽我說話」或「他們顯得很無聊——這些東西他們都聽過幾千次了」

解方　破壞他們的猜題機，讓他們嚇一跳——告訴他們屬於非常識的事（導言是：下週四不上課！諾斯壯人會為顧客在梅西百貨購買的物品包裝成禮品！）

症狀　「我講到一半他們就分心了」或「還沒講完他們的注意力就搖搖欲墜了」

解方　創造好奇心的知溝——告訴人們的訊息，只要夠讓他們明白其知識有一塊不足的地方就好（請記住魯恩·阿利奇報導大學足球賽的開場鏡頭，為雙方的對壘帶來脈絡）。或是創造謎團或謎題，再於溝通過程中慢慢解決（就像每堂課一開始都先提出謎團的教授，如土星環的例子）。

244

人們難以理解和記得訊息

症狀 「我對他們解釋時，他們都頻頻點頭，但似乎從來不會化為行動」

解方 讓訊息變得簡單，運用具體語言。利用人們已知的訊息來突顯你的意圖，好比生成性類比（如迪士尼的「劇組演員」比喻）。或是運用具體、真實世界的例子。

不要談「知識管理」，請講一個關於尚比亞的醫療保健工作者從網際網路取得瘧疾資訊的故事。

症狀 「開會時大家似乎都雞同鴨講」或「人人知道的程度不同，很難教」

解方 創造出一片非常具體的場地，讓人們可以各自運用所知（請想想那個可攜式電腦的創業投資提案，創業者將他的文件夾扔到桌上，引發了一陣腦力激盪）。請讓人們就特定例子或案例討論，不要針對概念討論。

人們很難相信或同意你

症狀 「他們不買帳」

解方 找出你的訊息中有說服力的細節——例如七十三歲的年長舞者、對環境友善到實地清理了水流的織品工廠。請少用權威，多用反權威。

症狀 「我說什麼他們都要挑剔」或「我全部時間都花在和他們爭論這點上了」

解方 運用跳板型故事撫平聽眾的疑心，讓他們轉換到創意模式。請避免使用統計數字和事實，改用有意義的例子來說明。請運用能通過辛納屈關卡的軼聞。

案 例 分 析

無法讓人在乎

症狀 「他們完全無動於衷」或「似乎沒有人對這有熱情」

解方 請記得德蕾莎修女效應:人比較在乎個人,多過抽象概念。請講一個有挑戰型情節或創意型情節的故事來啟發他們,讓他們意識到自己的身分認同,例如暗示德州人不亂丟垃圾的「不要在德州亂來」廣告。

症狀 「以前會讓人們興奮的事,現在不管用了」

解方 請移出馬斯洛的金字塔底層,試著以更深刻的私心為訴求。

無法引人採取行動

症狀 「人人都點頭稱是,卻沒有一個人行動」

解方 請用挑戰型情節故事來啟發他們(賈爾德、大衛與歌利亞),或是以跳板型故事(世界銀行)來引導他們投入其中。請務必讓你的訊息簡單具體,才能生效,也就是轉化為箴言(「人名,人名,人名」)。

讓概念產生黏性

「我相信我國應該致力達到這項目標,也就是在這十年落幕以前,我們要把人送上月球,再安全地送回來。」這是約翰・甘迺迪在一九六一年五月說的話。

啟發人心的訊息,啟發人心的使命,單是這個概念,就激勵了全國人

在那十年中勤奮進取，最後帶來了有史以來最令人難忘的成功。但重點是：你不是約翰·甘迺迪。

我們也不是。我們沒有甘迺迪一絲一毫的領袖魅力或權勢，我們對月球之旅在乎的程度，還不如我們對早上離家前要記得帶皮夾那麼關心。因此，如果成為甘迺迪是讓概念產生黏性的要件，那本書確實就令人喪氣了。

甘迺迪不是我們的標準，其實他根本不是標準，而是特例。請記住，我們第一次提到「人類登上月球」演講的同一章，也提到了肯德基的炸老鼠，我們並不完全是癡人說夢。

具有黏性的概念是有共同點的，我們在本書中逆向操作，研究了荒謬的概念：盜腎賊及放滿冰塊的浴缸；也研究了優秀的概念：潰瘍是由細菌引起的；我們還研究了從無趣變得有趣的概念：飛航安全說明；同時也研究了從有趣變得無趣的概念：口服補液鹽可以拯救數千名孩童的性命。我們見到了與報紙、會計、核戰、傳教、安全帶、舞蹈、亂丟垃圾、足球、愛滋、貨運、漢堡等有關的概念。

我們看見的是，所有那些概念，不論是深刻或平庸、嚴肅或愚蠢，都有共同特徵，我們期望你獲知了這些特徵之後，就能運用在自己的概念上。你分享故事而非統計數字時，他們會笑你，但一旦概念產生黏性……

SUCCESs 清單的用意是當成你非常實用的工具。這是份清單而不是方程式，是有原因的，各項要點並不難，也不是火箭科學，不過，你也不能順其自然或依照直覺走，而是要苦心經營，處處留心。

本書囊括的都是面對普通問題的普通人，他們只運用了這些原則，就締造出奇蹟（儘管他們並未意識到）。這些人普通到你走在路上看到他們可能都叫不出名字，他們的名字沒有黏性，但他們的故事有。

比如阿特·希爾弗曼，他讓全國人對不健康得可怕的戲院爆米花避而遠之。他把一天三餐的油膩食物擺在一袋爆米花旁，然後說：「這袋爆米花

裡充滿的飽和脂肪就是這麼多。」一個做著普通工作的普通人，卻帶來了巨大的改變。

還有諾拉・艾芙倫的新聞課老師，可憐的傢伙，他的名字我們連提都沒提。他告訴全班學生：「導言是『下週四不上課』。」單是那一句話，就改寫了學生對新聞寫作的印象，他啟發了艾芙倫成為新聞記者，無疑也啟發了很多其他人。一個做著普通工作的普通人，卻帶來了巨大的改變。

鮑伯・歐奎亞呢？你記得住他的名字才怪。他是潛艇堡一間加盟店的店長，每天都供應三明治給一個胖子，卻從中發掘了一個絕佳的故事。多虧歐奎亞，別人才發掘了賈爾德的故事，拍出那支異常轟動的成功廣告。一個做著普通工作的普通人，卻帶來了巨大的改變。

還有弗洛伊德・李，他是伊拉克飛馬食堂的經理。他把自己的角色定義為和士氣而非供餐有關。他的食材和每個軍中餐廳一樣，但阿兵哥都湧進他的食堂，連他的甜點師傅也開始描述自己做的甜點「誘人可口」。一個做著普通工作的普通人，卻帶來了巨大的改變。

我們還有珍・艾略特，她為課堂帶來的種族偏見模擬，二十多年後依舊銘印在學生腦海，說她想出了像疫苗般能避免偏見的概念並不誇張。一個做著普通工作的普通人，卻帶來了巨大的改變。

所有這些人的特點都是，他們帶來了能促成改變的概念。他們沒有權勢或名氣，沒有公關公司、廣告公司的財力，也不是政治公關專家，他們只有概念。

而概念世界美好的地方就在這裡——只要有正確的慧眼和正確的訊息，我們每個人都能讓概念產生黏性。

讓概念產生黏性

──────── 簡易參考指南 ────────

黏性從哪裡來？

盜腎事件（p.12）／戲院爆米花（p.14）／萬聖節糖果（p.22）

黏性＝可理解、好記、有改變思考或行為的效力（p.16）

六大原則：SUCCESs（p.23）

簡單、意外、具體、可信、情感、故事

反派：知識的詛咒／當敲打者不容易（p.27）

創意從模板開始：以 SUCCESs 清單擊敗詛咒

1. 簡單

找出核心

> 指揮官的意圖（p.35）／決定最重要的那件事：「天底下票價最便宜的廉價航空」（p.37）／倒金字塔：最重要的資訊擺在最前端（p.39）／「笨蛋，問題出在經濟」（p.41）／決策癱瘓的痛苦（p.42）／以不留情面的擇優處理擊敗癱瘓（p.43）／案例分析：日曬（p.46）／人名，人名，人名（p.49）

分享核心

> 簡單＝核心＋簡潔（p.53）／諺語：意義深遠的金句（p.54）／視覺諺語：Palm Pilot 木塊（p.55）／如何精簡地傳達大量重點：（1）運用現成事物：活用既有的基模（p.57）／喚醒記憶庫中的資訊（p.59）（2）創造高概念提案：「公車版的《終極警探》」（p.63）（3）採用生成性類比：迪士尼的「劇組演員」（p.66）

2. 意外

抓住人們的注意力：驚訝

成功的飛航安全說明（p.70）／打破模式！破壞人們（對核心議題）的猜題機（p.71）／驚訝眉：停下來蒐集資訊（p.74）／避免虛晃一招——讓概念產生「後期性」（p.75）／「諾斯壯人會⋯⋯」「下週四不上課」（p.81）／案例分析：外援花費太多？（p.83）

維持人們的注意力：興趣

製造謎團：土星環是什麼組成的？（p.85）／劇本是生成好奇心的模型（p.88）／好奇心的知溝理論：突顯知溝（p.90）／運用新聞的前導廣告策略：「哪間本地餐廳的冰淇淋機裡出現髒東西？」（p.91）／案例分析：募款計畫（p.91）／填滿知溝：魯恩・阿利奇如何讓非粉絲對NCAA足球賽產生興趣（p.95）／長久維持興趣：「可攜式收音機」與「人類登上月球」（p.99）

3. 具體

協助人們理解並記得

寫出寓言的具體性（酸葡萄）（p.104）／讓抽象概念變得具體：大自然保護協會讓風景成為環保名人（p.105）／提供具體脈絡：亞洲老師的數學教法（p.109）／讓人進入故事：以連續劇來教會計（p.111）／運用記憶的魔鬼氈理論：概念的小鉤愈多愈好（p.114）／褐眼，藍眼：「治癒」種族偏見的模擬（p.115）

協助人們相互協調

工程師與製造商：找出彼此理解層次的共同語言（p.117）／以具體術

牛肉在哪裡？（p.156）／運用可測試的憑據→思樂寶支持三 K 黨；正向教練聯盟：打擊比鼓勵容易；填滿情感槽（p.158）／NBA 菜鳥訓練：「這些女人都有愛滋病」（p.162）

5. 情感

讓人們在乎

德蕾莎修女原則：如果我看到的是一個人，就會採取行動（p.166）／人們捐款給蘿奇亞的意願高過非洲的諸多難民（p.166）／道出真相的反菸廣告：讓青少年在乎的不是健康因素，而是反企業的叛逆精神（p.169）

運用聯想的力量

抗拒語意濫用的需要：「相對論」意義的稀釋及為什麼「獨特」不再獨特（p.171）／將「運動家精神」轉化為「光榮參賽」（p.174）

訴諸私心（不只是低下的私慾）

郵購廣告：「我坐下要彈鋼琴時，他們都笑我……」（p.177）／這對你有什麼好處？（p.179）／坦佩的有線電視：想像這對你有什麼好處（p.180）／避開馬斯洛金字塔的底層：我們誤以為別人比我們低級（p.182）／弗洛伊德‧李和他的伊拉克軍中食堂：「我負責提振士氣」（p.185）

訴諸身分認同

拒絕爆米花機的消防員（p.187）／了解人們如何依據身分認同做決策（我是誰？這是什麼情況？我這類人在這種情況下會做什麼決定？）

6. 故事

促使人們起身行動

故事是模擬（告訴人們如何行動）

以故事啟發人心（給人起身行動的能量）

黏性從哪裡來？

運用黏性

出在經濟（p.237）／發掘的力量（p.238）／為什麼演講技巧高超也未必能深入人心：史丹福大學學生與演講練習（p.239）／關於「知識的詛咒」的最後忠告（p.241）

請記得 SUCCESs 可以協助人們：（p.243）

注意　　　↔ 意外
聽懂並記得 ↔ 具體
同意並相信 ↔ 可信
在乎　　　↔ 情感
行動　　　↔ 故事

簡單對各個階段都有益。最重要的是，簡單能讓你明白要說什麼。

症狀與解方：詳見頁 244 ～ 246 頁的實際指引。

約翰・甘迺迪 vs. 弗洛伊德・李：普通人在普通情況下如何以具有黏性的概念帶來深遠的改變。（p.246）

謊言都繞地球大半圈了，真相可能還沒出發呢！
——馬克·吐溫